博物馆云展览研究

黄晶 著

中国文史出版社

图书在版编目（CIP）数据

博物馆云展览研究 / 黄晶著 . -- 北京 : 中国文史
出版社 , 2025. 4. -- ISBN 978-7-5205-5276-9

Ⅰ . G265

中国国家版本馆 CIP 数据核字第 2025QG2361 号

责任编辑：高 贝

出版发行：中国文史出版社
社　　址：北京市海淀区西八里庄路 69 号院　邮编：100142
电　　话：010-81136606　81136602　81136603（发行部）
传　　真：010-81136655
印　　装：廊坊市海涛印刷有限公司
经　　销：全国新华书店
开　　本：787mm×1092mm　1/16
印　　张：10　　字数：160 千字
版　　次：2025 年 4 月第 1 版
印　　次：2025 年 4 月第 1 次印刷
定　　价：58.00 元

目录

引言

21 世纪信息时代，伴随着信息技术革命日新月异的发展和互联网的普及，一场波澜壮阔的世界性数字化浪潮正在来袭。在这场史无前例的大变革之中，如何完成好继承与开拓的双重任务—已经成了新时代下博物馆永远的话题。

从 2020 年疫情起，博物馆行业迎来了一个非常大的数字化升级。国际博物馆协会数据显示，2020 年全球提供线上藏品、展览和直播的博物馆增加了 15% 以上，文博由此成为数字化浪潮的领航者[1]。与此同时，中国博物馆事业也在不断发展，截至 2024 年底，备案博物馆达 7046 家，较上一年增加 213 家，实现每 20 万人拥有一家博物馆，免费开放率达 91.46%；博物馆藏品更加丰富，藏品总数达到 6741.3 万件（套）；展览教育与开放服务广受欢迎，2024 年举办陈列展览 4 万余个、教育活动 51 万余场次，接待观众 14.9 亿人次[2]。《2024 抖音博物馆年度数据报告》显示，截至 2024 年底，抖音上共认证了 856 家政务号或机构号的博物馆，相比去年增加 17%。这些博物馆账号在过去一年共播放了近 9.8 亿条视频内容，同比增加 6.5%。博物馆相关视频播放量达到了 1246 亿，比去年增长了 36 亿，让更多的文博知识走出馆舍天地，走向大千世界，实现全球的文化互鉴与交流[3]。

云展览的出现，既是博物馆数字化发展的结果，也是文化自信与科技力量相结合的产物。利用虚拟现实、增强现实、人工智能、大数据、云计算等先进科技，云展览把真实的展览搬到网络世界中，突破了空间限制，在不同的国家和地区能够实现无障碍流动和共享。观众坐在家中通过点击鼠标或滑动屏幕就可以看到世界各地博物馆的展览，感受到不同文化的艺术氛围，缩短其与文化的距离。更重要的是，云展览的发展改变了博物馆传统的展览模式与服务方式，成为交流互鉴的新引擎，也使得优秀的传统文化资源以数字展品的形式在网络空间里长久保存，满足受众个性化的文化需求，进而弘扬中华优秀传统文化。

但与此同时，云展览发展也存在不少困难，比如：技术成本投入、信息安全问题、内容把控、版权维护等等。对于这些问题如何解决？博物馆界和社会各界应当共同做好顶层设计，长远谋划；加大技术创新，探索应用方式方法；加强内容建设和管理，打造精品力作；加大社会参与与合作广度，营造良好氛围；加强人才培育和队伍建设，提升组织水平；加强安全保障工作和风险管控能力等工作。只有这样才能真正推动云展览的建设，让数字化的潮流推动云展览稳稳地落地生根，并发挥云展览在文化传播与发展领域应有的作用。

鉴于此，笔者撰写出版《博物馆云展览研究》一书，全面系统地探讨博物馆云展览的构建与发展策略，从技术支撑、内容策划、设计与制作、推广与运营等多个方面进行剖析，期望通过此书与博物馆界的同行们共同探索未来博物馆云展览的发展方向，让文化之光照亮人类文明的每一个角落。

[1] 文旅中国 2023-05-17：https://baijiahao.baidu.com/s?id=1766111113978357698&wfr=spider&for=pc
[2] 光明日报 2025-05-19：https://cn.chinadaily.com.cn/a/202505/19/WS682a820ca310205377033ac4.html
[3] 中国青年网 2025-01-26：http://d.youth.cn/xw360/202501/t20250126_15796509.htm

第一章 博物馆云展览概述

一、博物馆云展览概念的产生

所谓云展览，是建立在数字化时代背景之下的博物馆展览的一种创新性演化，它是运用信息技术、互联网技术等来助力传统文脉传承发展的产物，其概念的形成与发展离不开 20 世纪以来计算机和网络的广泛传播与兴起，在 21 世纪初期更是伴随着互联网空间的大规模开放与无限延伸而催生出大批的云展览出现。互联网覆盖面广、传输速度快、共享程度高，为云展览提供了实现的基本土壤，而云展览又以其便捷性反哺整个信息世界的互联互通，由此得以成为一种崭新的文化形态。按照设展、策展、观展的流程顺序，博物馆云展览可被拆分为“云”（线上线下的数字延展）—“展”(虚实展览内容和空间的设计)—“览”（博物馆游客与展览本身的观览行为和过程）三部分。回溯博物馆的“云展览”的发展历程，会发现它从一开始作为一种静态补充的线下展览模式，逐渐发展成为如今依托互联网 +、5G、云计算、大数据等技术形成的形态更为丰富的多模态的数字文博产品。

1. 萌芽期（20 世纪末至 21 世纪初）

在 20 世纪末至 21 世纪初，随着信息技术的迅猛发展，尤其是互联网的普及，博物馆界开始探索如何将传统展览与新兴技术相结合，以拓展展览的影响力和观众的参与度。

（1）技术探索与初步应用

20 世纪 90 年代，互联网技术开始在全球范围内得到广泛应用，博物馆界逐渐认识到这一技术在文化传播和展览推广中的巨大潜力。国外一些博物馆率先尝试将展览内容数字化，并通过互联网进行传播。例如，美国的史密森尼学会在 1996 年就推出了其在线展览项目，通过其官方网站向公众展示馆藏文物和展览信息，不仅为全球观众提供了便捷的观展途径，也为博物馆的数字化转型奠定了基础。在国内，20 世纪末开始，故宫博物院率先开始了数字化的构想与建设。2001 年 7 月 16 日开通了故宫博物院网站，这标志着中国第一个真正意义上的数字博物馆诞生[1]。2003 年成立了“故宫文化资产数字化应用研究所”，借助数字化技术强化博物馆保护、研究和展示的基本功能。尽管此时的云展览还处于较为初级的阶段，主要以图文展示为主，但其打破了传统展览的地域限制，使观众能够随时随地通过互联网了解展览内容，为后续的发展积累了宝贵经验。

（2）理念萌发与实践尝试

博物馆界逐渐意识到，传统的展览形式已无法满足现代社会公众日益增长的文化需求和多元化、个性化的观展体验追求。博物馆需要借助现代信息技术，创新展览方式，以更好地发挥其文化传播和教育的功能。这一理念的萌发，促使博物馆开始尝试将数字化技术应用于展览的策划、设计和展示中。云展览最初是线下展览的静态补充，主要用于实现博物馆文本和照片的静态呈现。例如，“Always Ibiza and Formentera”于 1999 年面世，其展示形式是静态呈现博物馆的文本和照片，作为线下展览的补充，吸引参观者来到线下展览。2000 年“Aureum Opus：五个世纪的插图书籍”线上展览的出现，不仅打破了临时展览改变场地或被拆除时才会有云展览的规则，也面向所有网络用户开放，进一步拓宽了云展览传播的时空边界。在国内，2003 年 11 月 28 日—30 日，在中国博物馆学会领导和国家文物局的指导下，中国博物馆协会成立了“中国博物馆学会数字化专业委员会”，旨在搭建一个集思广益、资源共享的平台，推动全国博物馆数字化建设的交流与合作，通过组织研讨会、培训班、展览交流等活动，促进了各博物馆在数字化展览技术、内容策划、运营管理等方面的经验分享与协作，进一步提升了中国博物馆数字化展览的整体水平[2]。

2. 技术融合期（21 世纪前 20 年）

21 世纪前 20 年是云展览发展的技术融合期，这一时期，随着互联网技术的不断成熟和普及，以及数字技术的快速发展，博物馆开始将多种技术融合应用于展览中，极大地丰富了展览的表现形式和互动体验，推动了云展览的快速发展。

[1] 新京报 2023-09-18：https://baijiahao.baidu.com/s?id=1777383372413674571&wfr=spider&for=pc
[2] 故宫博物院 2003-11-28：https://www.dpm.org.cn/learing_detail/225758.html

（1）技术的融合与创新

21 世纪初，宽带网络的普及、网速的提升以及 Web2.0 技术的兴起，使得大规模、高分辨率的图像、视频和音频数据能够在线流畅传输，为博物馆将高质量的数字内容呈现给全球观众提供了可能。同时，数字技术如多媒体技术、三维建模技术、虚拟现实（VR）技术等开始在博物馆展览中得到广泛应用。

根据人民网报道，早在 2004 年，卢浮宫博物馆就把 3.5 万件馆内公开展示的藏品以及 13 万件库藏绘画放到改造后的网站上，并提供法语、英语、西班牙语和日语 4 种版本的 3D 虚拟参观项目，观众可以在网上虚拟参观卢浮宫的各个展厅，近距离欣赏馆藏艺术品[1]。

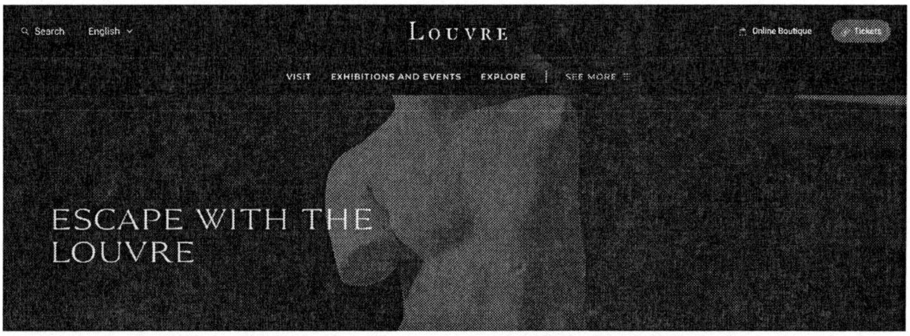

卢浮宫博物馆（来源：卢浮宫博物馆官网）

随着移动互联网的兴起、智能手机和平板电脑等移动设备的普及，博物馆云展览开始向移动端延伸。2010 年前后，许多博物馆纷纷推出了自己的移动应用，如纽约大都会艺术博物馆推出的“The Met”APP、卢浮宫推出的“Louvre Museum”APP 等，这些 APP 中既有各种展览的信息介绍、各类文物的详细解析，并增添了内部导航系统、语音讲解、AR 互动游戏等功能。在中国，国博也推出了“国博美馔”等 APP 应用，利用数字化的方式把各种展览教育及文教活动以更加便利化的形式呈现出来。

多媒体技术和虚拟现实技术的发展，使云展览的表现形式更加丰富多彩。多媒体技术解决了展览内容不能只是文字图片的局限性，能够使用视频、音频、动画等形式使云展览更加有吸引力，运用 VR 技术能够让观众“走进”博物馆，仿佛来到了真实的展厅前面去参观展览，能够近距离与文物进行交流和沟通。在国内，故宫博物院自 2000 年开始对虚拟现实领域展开研究和探索，制作了许多部关于剧场环境的虚拟现实节目，在 2018 年 12 月 19 日发

[1] 人民网 2014-04-03：http://art.people.com.cn/n/2014/0403/c206244-24812506.html

布了新一部虚拟现实节目《御花园》，同时开启了为期一周的面向社会公众的《观影周》活动及同惠普联合举办的“V 故宫”巡展活动。此前已先后制作了《紫禁城·天子的宫殿》《三大殿》《养心殿》《倦勤斋》《灵沼轩》《角楼》共 6 部作品。这些作品以紫禁城的代表性建筑为主体，在高拟真度再现金碧辉煌的紫禁城的同时，多层次深度解析建筑背后蕴含的传统历史文化知识，为公众提供感受故宫魅力的沉浸式体验方式。此外，2019 年 7 月 16 日，故宫博物院召开以“融古铄今　无界未来”为主题的数字故宫发布会，故宫与腾讯追梦计划联合发布了国内首款故宫建筑文化游戏《故宫：口袋宫匠》，让中国古建筑文化搭载全新的载体，以全新的风貌让人人都可以数字化方式领略中国建筑艺术的巧思与积淀，实现文化的传播与创新[1]。

故宫博物院“V 故宫”巡展活动（来源：北京日报官网）

故宫博物院主题为“融古铄今　无界未来”的数字故宫发布会（来源：新京报官网）

[1] 新京报 2019-07-16：https://author.baidu.com/home?from=bjh_article&app_id=1566453612428800

《故宫：口袋宫匠》游戏（来源：企鹅号 - 腾讯追梦计划）

（2）内容的丰富与创新

在内容方面，博物馆开始注重展览的内容丰富性和与参观者的互动性。博物馆利用数字化技术将更多的文物与历史信息整合并得以展示，为参观者呈现更为全面和深刻的展览内容。例如，美国大都会艺术博物馆在 2017 年启动了开放访问项目（Open Access Initiative），向公众开放其收藏的多达 375000 件 / 套艺术品的数字图像，通过数字化方式让世人能够看到该博物馆所拥有的数量巨大的藏品，并且让人们可以了解到每一件艺术品的来源以及背后的历史故事，这样才能够让人们获得更全面的信息来充分了解博物馆的价值所在。

博物馆开始注重与观众的互动，设置一些互动环节或者活动，增强观众的参与感和体验感。比如 2012 年，美国纽约现代艺术博物馆（MoMA）联合谷歌推出线上项目“Art Project”，将 MoMA 的馆藏艺术品以高分辨率图像形式呈现在互联网上，观众可以在线欣赏艺术品，并通过谷歌的街景视图功能，“走入”MoMA 博物馆参观展览，这个项目既扩大了 MoMA 的受众面，也帮助谷歌推广其对艺术品数字化的技术。2017 年 5 月 18 日，故宫博物院发布了“故宫社区”APP，观众在该平台上能够参与各类互动性活动，如发表文章、阅读并点赞他人文章、完成各种任务等，每项活动都有对应的积分，使用积赞和经验值升级专属自己的一座府邸。互动性的增强，使得观众更愿意参与到展览当中来，博物馆也能从中了解观众的想法并持续改进展览[1]。2018 年，故宫博物院携手腾讯推出了“故宫：数字文物库”项目，向公众和教育机构开放故宫的文物数字资源，为文物的研究、教育和文化传播提供了素材，同时与数家旅游企业共同开发“故宫 + 旅游”的数字化产品，如“故宫：掌上故宫”等，把博物馆展览的内容和旅游的服务结合起来，为游客带来更好的体验。

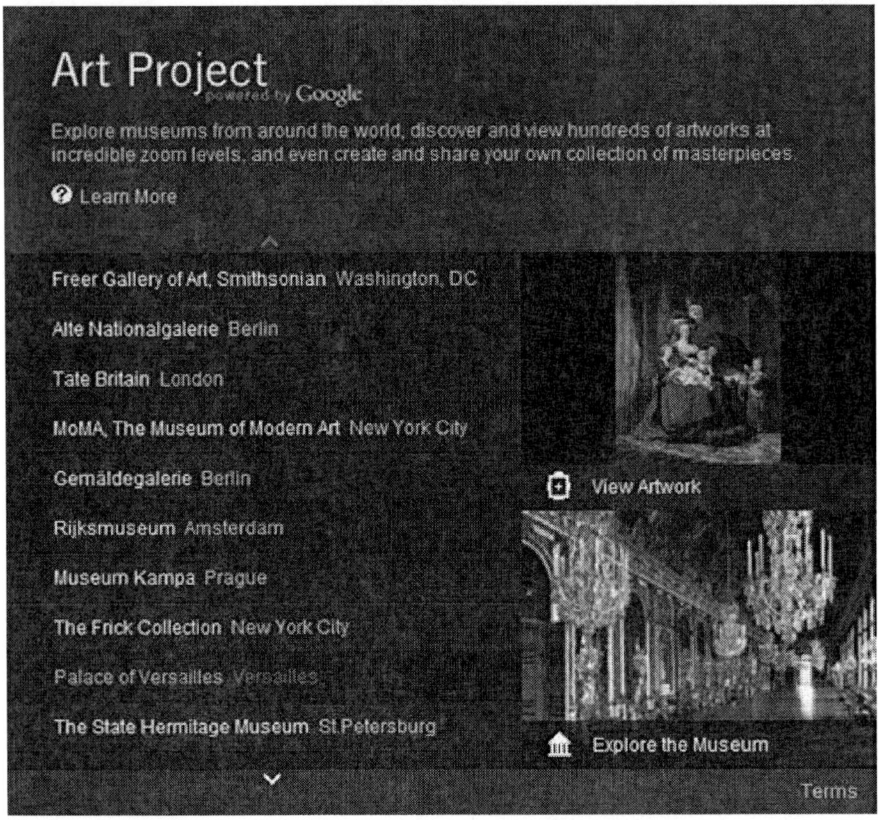

MoMA 与谷歌合作推出“Art Project”项目（来源：百度百科）

故宫博物院“故宫社区”APP（来源：故宫博物院官网）

[1] 中国新闻网 2017-05-18：https://www.chinanews.com/cul/2017/05/18/8228079.shtml

"故宫：数字文物库"项目（来源：国家文物局官网）

谷歌艺术与文化平台项目（来源：标志情报局官网）

（3）社会影响的扩大

在社会影响方面，云展览的出现让博物馆文化传播变得常态化，其受众也在不断扩宽。云展览的展出不受地点的限制，全球观众都可浏览博物馆中收藏的各项展品。如：2011 年，谷歌艺术与文化平台成立，与全球众多博物馆合作，将大量博物馆的展览内容数字化并在线展示，这样的举措极大地促进了全球博物馆文化的交流与传播，也让更多人享受到了各种各样的文化信息。

云展览让博物馆获得了更多的社会关注和大众参与，通过互联网宣传和推广也变得更加便捷高效，能够让更多人关注并参与到博物馆的各类文化活动中。例如，从 2014 年开始，敦煌研究院利用数字化、网络化的手段对"数字敦煌"进行宣传推介，"让世界遗产在千万游客中落户生根"，这种社会影响力的扩大，不仅提升了博物馆的社会地位和文化价值，也拓宽了其发展空间。

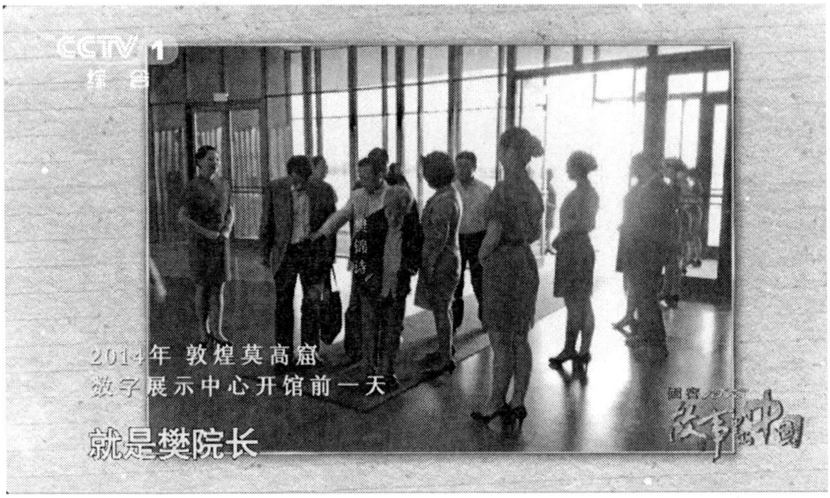

敦煌莫高窟数字展示中心启动
（来源：中央广播电视总台推出的文化类节目《故事里的中国》）

（4）政策与资金的支持

在政策和资金方面，政府对博物馆数字化建设的重视和支持，为云展览的发展提供了有力的保障。21 世纪初，世界各国政府纷纷出台相关政策，鼓励并提倡博物馆利用现代信息技术进行博物馆数字化的工作。我国 2006 年就出台了中国国家文物局颁布的《关于加强博物馆信息化建设的指导意见》，确定了博物馆数字化建设的目标、任务，并且给予一定的资金投入。2015 年 7 月 1 日国务院出台了《关于积极推进“互联网 +”行动的指导意见》（国发〔2015〕40 号），明确提出培育新的业态——大力发展“互联网 + 文化”，促进数字技术与文化产业的融合，推动以数字技术为代表的新技术广泛应用到文化传播中去，创造出更多的文化产品，不断释放文化发展的动力。2016 年 3 月 4 日国务院出台了《关于进一步加强文物工作的指导意见》（国发〔2016〕17 号），提出利用现代科技手段创新文物展示方式，提高文物利用率。为响应号召，国家文物局联合发改委等部门于 2016 年 12 月 6 日印发了《“互联网 + 中华文明”三年行动计划》（文物博函〔2016〕1944 号），用数字化的方式助力中华优秀传统文化的创新性发展和创造性转化，让蓬勃发展的云展览有了政策上的指导和帮助。

在这种一系列的政策指导下，博物馆开始陆续探索云展览的实践路径。2019 年 5 月 18 日“博物馆网上展览平台”的建立，标志着我国博物馆进入了云展览的新阶段，这个平台就是把全国各地的线上展览集纳起来的一个统一入口，让观众不出门就能在网上看展览，大大扩展了博物馆的服务边界和影响范围。

2020 年，突如其来的新冠疫情对全球博物馆行业造成了巨大冲击，很多博物馆线下展览活动都被叫停。在此背景下，云展览凭借其独特的线上优势，成了博物馆应对危机、保持活力的救命稻草。2020 年 1 月 28 日，国家文物局就在官网平台上发布了《关于向“博物馆网上展览平台”提供网上展览内容资源的倡议书》，并响应号召马上行动起来，分别于 2 月 1 日、3 日、6 日、17 日、26 日以及 3 月 3 日，先后共六批推出 300 多个不同领域的网上展示项目（包括历史、艺术、科技类等），为隔离在家的人民群众送上了文化大餐，有力地彰显出整个行业的强大反应能力和社会责任担当精神，从而也让更多的观众知晓并认同云展览[1]。

与此同时，云展览也获得了来自社会各界的关注与重视。2020 年 5 月 18 日，在政协十三届全国委员会第三次会议上，《关于大力发展博物馆云展览的提案》《关于支持博物馆发展在线业务的提案》《关于大力加强文物数字化建设的提案》《关于加快物质文化遗产数据库建设的提案》以及《关于将文物数字化基础能力建设纳入数字新基建计划的提案》等多份提案聚焦博物馆的数字化转型，从不同角度给出了助推博物馆云展览发展的良方对策，为进一步发展给予有效的呼吁和支持。

（5）国内外交流与合作

在国外，这一时期的博物馆交流也促进了云展览的发展，国内博物馆在与国外博物馆的交流合作中学习国际先进的数字化技术和思路，助力自身云展览的发展。例如，2019 年中国国家博物馆联合“一带一路”沿线的柬埔寨、日本、哈萨克斯坦、蒙古、波兰等 12 国博物馆共同举办的《殊方共享——丝绸之路国家博物馆文物精品展》，将多国文物汇聚一堂，进行不同国家间的文化互鉴。通过此次展览，我国不仅向世界展现了中华几千年的文明史以及博大精深的中华文化，同时也增进了与“一带一路”沿线国家的文化沟通。同样，位于俄罗斯圣彼得堡的艾尔米塔什国家博物馆对于数字化建设作出多种新的尝试，作为 150 周年庆祝活动之一，2020 年初，艾尔米塔什国家博物馆携手日本任天堂公司为《集合啦！动物森友会》的玩家们准备了大约 40.6 万件虚拟展品，让文物与玩家线上“重逢”。

[1] 央广网 2020-03-19: https://author.baidu.com/home?from=bjh_article&app_id=1568331104387389

3. 形态多元期（2020 年至今）

自 2020 年以来，伴随新冠疫情的暴发和信息技术的快速升级，博物馆云展览开始进入形态多元阶段。这一时期，博物馆界在技术应用、内容创新、社会影响等方面都取得了显著进展，形成了多种多样的展览形态和模式。

殊方共享——丝绸之路国家博物馆文物精品展
（来源：环球网官网）

（1）技术应用的多样化与创新

在技术方面，博物馆云展览不断吸收融合更多新技术，让展览内容更丰富、更具感染力。在 VR、AR 方面的应用越来越多。国外，2021 年英国维多利亚与艾伯特博物馆推出“爱丽丝：越奇越怪，越奇越怪（Alice: Curiouser and Curiouser）”的 VR 展览项目，戴上 VR 头盔，“就仿佛做了一场梦一般看着达·芬奇、莫奈提笔作画；跟着爱丽丝一起在仙境中历险；感受斯拉夫史诗的荡气回肠；回到森林深处，看见绝种鸟类最后的‘声影’；解开霸王龙奔跑速度的秘密。”国内，运用多媒体技术和虚拟现实技术也十分常见。“在国内，2021 年，国家自然博物馆打造云上数字博物馆，利用 VR 技术将博物馆展厅内的展览信息进行全方位数字化，观众可以使用电脑、手机等终端设备，随时随地浏览博物馆展品。”这使观众能够不受时空限制地观展，获得身临其境般的参观环境，满足观众沉浸式的观赏需求。“2021 年 12 月 21 日，中国故宫博物院‘数字故宫’小程序 2.0 版正式上线，在微信小程序载体中首次实现 AR 实景导航等功能[1]。”在此背景下，游客可以置身于紫禁城之中，用手机扫描实景实时探路，解锁三维瑞兽模型，体验更加“立体”的参观感受。

人工智能（AI）技术也开始在云展览中发挥作用。例如，2022 年，谷歌艺术与文化平台利用 AI 技术，推出了“艺术与文化之旅”项目，通过 AI 算法分析用户的行为和偏好，为用户推荐个性化的艺术展览和文化内容。这种智能化的推荐方式，使观众能够更加便捷地找到自己感兴趣的展览内容，提升了用户的观展体验和满意度。

5G 技术的普及也为云展览带来了新的机遇。5G 技术的高速传输和低延迟特性，使得高清视频、3D 模型等大容量数据的传输更加流畅，为云展览提供了更加稳定和高效的网络环境。例如，2020 年，中国国家博物馆在举办“手拉手：我们与你同在——全球博物馆珍藏展示在线接力”活动时，首次采用“5G 直播环境 +8K 拍摄 / 制作 / 大屏呈现 +AR 动画特效”相结合的新技术手段，超清晰、更流畅、更生动地呈现“馆长之选”藏品，以主控光缆传送、5G 推

[1] 人民政协网 2021-12-21：https://www.rmzxw.com.cn/c/2021-12-22/3009607.shtml

“好奇爱丽丝”VR 体验剧照，其中展示了克里斯蒂亚娜·威廉姆斯（Kristjana Williams）的作品（来源：湖南博物院官网）

国家自然博物馆虚拟展厅（来源：国家自然博物馆官网）

“手拉手：我们与你同在——全球博物馆珍藏展示在线接力”活动（来源：世界互联网大会官网）

流和基础网络保障播出信号安全、高品质和流畅，灯光、舞美和动力系统等技术环节都体现了非常高的国际水准，在直播中以新颖的方式带给观众沉浸式观看体验，全方位立体化呈现中华文化的悠久厚重和博大精深；AR 前景虚拟，从上到下层层展开霁蓝釉粉彩描金莲花纹双燕耳尊上精美的吉祥纹饰，通过在现场搭建的制作系统，使文物模型与现场画面实时合成，在直播中以新颖的方式带给观众沉浸式的观看体验；三维动画展示错金银云纹铜犀尊使用方法，不仅丰富了藏品展示方式，同时更好地助力馆长传递藏品的历史价值和文化价值，并以此生成网络热点，吸引更多的年轻受众；特效动画复原伏羲女娲像立幅重点部分，最大限度地还原文物自身的样貌。

与此同时，活动首次采用 8K 电影级拍摄，独家定制 8 大屏呈现，高品质的显示技术实现了真实视界的最高境界，清晰细腻的画面使错金银云纹铜犀尊的细节一览无遗，以新技术向全球展示国博藏品的精美面貌。

（2）内容创新的深化与拓展

在内容方面，博物馆云展览更侧重于深度开发与创新，展览的内容更多。博物馆逐渐将更多的文物和历史资料进行数字化呈现，展览内容变得更加丰富多彩。例如：2020 年敦煌研究院推出“数字敦煌”，借助数字技术手段对敦煌石窟壁画、彩塑进行数字化展示，同时提供了大量丰富的历史背景知识。当展览内容充实且丰富之后，受众便能够更加完整地了解博物馆所传达的信息。

博物馆开始注重与观众的互动，通过设置互动环节和活动，增强观众的参与感和体验感。例如，美国大都会博物馆 2020 年推出的“The Met Unframed”、大都会 360°项目和线上展览“虚拟展览：1870—2020”等数字化项目，通过数字化方式呈现出来，观众可以看到这个博物馆收藏的各种艺术品，并且可以看到每件艺术作品背后的知识、故事、研究结果等等。这样丰富多彩的内容可以让博物馆藏品乃至整个博物馆文化内涵得到人们的理解和知晓。浙江博物院 2021 年联合多家博物馆推出的《丽人行——中国古代女性图像云展览》，不仅可以欣赏到很多精美的中国古代女性图文物品，还设置了互动环节，不管是让观众在展览上留下自己的一些想法和看法，还是邀请大家参与到绘画创作活动中来，

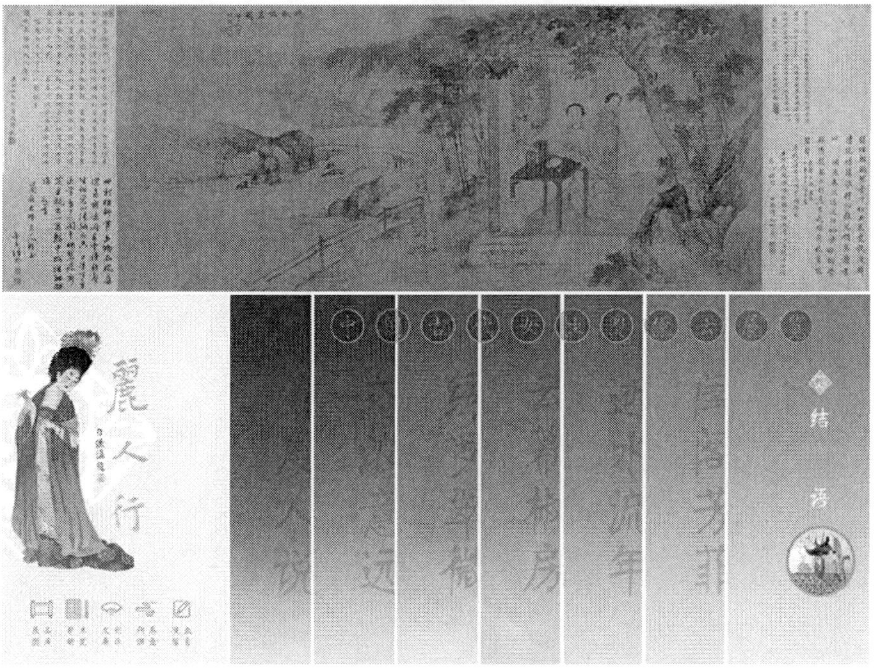

“丽人行——中国古代女性图像云展览”云上启幕（来源：浙江省文物局官网）

都增加了展览与人们的互动性，让他们更乐意参与其中，与展览进行交流讨论。

博物馆云展览还注重跨界，打破固有领域，在不同的行业之间进行展览的融合与展示。例如，2021 年，日本东京国立博物馆联手日本科学未来馆推出“艺术与科学：交叉点的对话”的线上展览，通过数字化技术展现了两者间千丝万缕的关系。2022 年，上海博物馆“大博物馆计划”暨建馆 70 周年系列活动新闻发布会上，上海博物馆联合音乐、戏剧等艺术机构推出了“艺术跨界”系列云展览，将各类艺术品和历史文物结合在一起，让参观者在惊叹于艺术的同时也对博物馆有了更全面的认识。

博物馆注重展览内容的个性化与定制化，通过了解观众需求与喜好，给不同类型的参观者提供更加个性化、有针对性的内容。例如，2022 年，中国国家博物馆推出“青少年云展览”系列，根据青少年的特点，制作了更加生动有趣的展览内容与活动等。这种个性化和定制化的展览形式，不仅增强了展览的吸引力和影响力，还使博物馆能够更好地服务不同受众群体，满足他们的文化需求。

上海博物馆建馆 70 周年系列活动（来源：澎湃官网）

（3）社会影响的深化

云展览打破了展览的地域局限，世界各个国家和地区的人们都可以足不出户地了解到博物馆的文化资源。2010 年，谷歌艺术与文化平台推出的博物馆电子导览项目 Google Art Project(谷歌艺术计划)，力图实现全世界每个角落的博物馆电子化，用科技带动文化和文化产业的发展。云展览让博物馆收获了更多的社会关注，云展览的出现使博物馆获得了更广泛的参观群体，通过互联网平台宣传、推广博物馆的文化活动，让更多的人了解博物馆，走进博物馆，参与到博物馆的各项文化活动中来。2021 年春节前，故宫博物院特意推出云端展览《新时代·新故宫——故宫博物院文化遗产保护与传承主题云展览》，运用大量院藏的老照片、档案以及全景图片、高精度三维模型、超高清文物影像等多种丰富的数字资源，结合不同的体验形式全方位展现故宫博物院，并通过媒体、社交媒体、短视频等宣传途径获得众多国内外游客的关注，吸引了大批量的浏览者及游客到访和了解故宫文化，为博物馆带来了更高的社会地位和价值，也给博物馆提供了更为广阔的生存发展空间。

“新时代·新故宫——故宫博物院文化遗产保护与传承主题云展览”（来源：故宫博物院官网）

云展览还促进了博物馆与社会的互动与融合，使博物馆能够更好地融入社会文化生活中。比如浙江省博物馆在举办“丽人行”云展览的同时，与当地美术馆、文创企业等开展相关文化和文创产品经营活动。这种与社会的互动和融合，既丰富了博物馆的文化传播方式，又使得博物馆的文化资源得到更为充分的利用与传播，无疑进一步彰显了博物馆的社会影响力和文化价值。

浙江省博物馆“丽人行——中国古代女性图像展”（来源：故宫博物院官网）

（4）政策与资金的持续支持

随着“十四五”规划的开启，我国数字经济飞速发展，文化自信不断加强，云展览也成了博物馆数字化转型的一部分，并被寄予了新的希望。2020年出台《“十四五”文化和旅游发展规划》，明确提出要促进美术馆数字化建设，大力发展云展览。2021年中宣部、国家发改委、教育部、科技部等九部门联合发布《关于推进博物馆改革发展意见》，明确提出加快博物馆数字化建设，推动文物信息资源开放共享，创新数字文化产品和服务，构建线上线下相融合的传播体系。2023年12月中共中央办公厅、国务院印发《关于全面推进美丽中国建设的意见》，提出要充分利用博物馆、展览馆、科教馆等宣传美丽中国建设生动实践。2024年1月国家广电总局发布《关于开展跟着微短剧去旅行创作计划的通知》，围绕城市特色博物馆等公共文化空间讲好城市文明故事。2024年4月商务部出台《数字商务三年行动计划（2024—2026年）》，提出提升重要展览展会数字化水平，举办云展览。一系列政策的颁布为博物馆云展览的发展指明方向与保障，使得云展览得到大范围快速普及与发展[1]。

同时，政府也提供了相应的资金支持。例如，2024年中央财政下达百亿资金加强文物保护和博物馆建设，这些资金的支持为博物馆云展览的技术研发、内容创新、平台建设等方面提供了有力的保障，促进了云展览的高质量发展。

（5）国内外交流与合作的加强

国内博物馆与国外博物馆相互借鉴先进的数字化技术与理念，在相互学习、经验互补的基础上共同推动云展览的发展。例如，2022年中国国家博物馆举办的“手拉手：共享世界文明之美——全球博物馆珍藏展示在线接力”活动，活动以直播及线上联展的形式呈现各大馆藏宝物。葡萄牙国家马车博物馆作为本次全球博物馆数字收藏展览的五大洲34家博物馆之一，向全世界人民展示了本馆的中国古代文物，让更多的人能够更加方便地欣赏到这些国之瑰宝。

除此之外，国内博物馆之间也加强了相互合作的关系，并且实现云展览之间的优势互补。比如，2021年中国博物馆协会组织发起成立中国博物馆协会博物馆数智化专业委员会以及出台

[1] 国家广播电视总局 2025-01-04：https://www.nrta.gov.cn/art/2025/1/4/art_113_69936.html

《中国博物馆协会博物馆数智化专业委员会管理办法（试行）》《中国博物馆协会博物馆数智化专业委员会业务发展规划（2024—2028）》，把广大从事和热心博物馆数字化应用与智慧化建设的人员和单位组成一个学术团体，建立一个团结、创新、协作、共赢的博物馆数智化建设交流平台，通过不断地利用创新、成果分享来赋能新时代下中国博物馆事业的高质量发展[1]。

总之，2020 年至今的形态多元期是云展览发展的关键阶段。博物馆通过技术应用的多样化与创新、内容创新的深化与拓展、社会影响的扩大与深化、政策与资金的支持以及国内外交流与合作的加强，推动了云展览的快速发展和广泛应用。虽然此时的云展览在技术成本较高、信息安全问题等方面还存在一些不足，但其为博物馆后续的数字化转型和发展提供了重要的启示和经验。

2022 年中国国家博物馆主题“手拉手：共享世界文明之美——全球博物馆珍藏展示在线接力”活动（来源：中国国家博物馆官网）

二、博物馆云展览类型

1. 按展示形式分类

随着信息技术的发展和观众需求的多元化，博物馆云展览的展示形式也在不断创新和丰富。

（1）静态展示型

静态展示型是云展览中最基础，也是最常见的展示形式，主要是通过图文、视频等静态的载体将博物馆的展览以数字化的形

[1] 中国博物馆协会 2024-03-07：ttps://www.chinamuseum.org.cn/cma/detail.html?id=10&contentId=13586

式表现出来。此类展示形式的优点是制作成本低、易于传播与保存，适合表现博物馆的相关信息和文物的基本介绍。

（2）动态交互型

动态交互型是云展览中一种更为生动、有趣的展示形式，主要通过动画、视频、VR 等更加丰富生动的动态信息展示。动态性的展示更能吸引参观者的注意力，让参观者更具代入感，在与展览互动的过程中去理解它、感受它。像卢浮宫的“蒙娜丽莎”虚拟参观项目就属于动态交互性展览类型，使用虚拟现实技术对卢浮宫“蒙娜丽莎”展厅进行 3D 还原，参观者可以在 VR 模式下进入数字化重建的卢浮宫“蒙娜丽莎”展厅内观看这幅传世之作。置身于这个虚拟展厅中，参观者可以和艺术品有更多的互动行为发生，如画面对比、转动画面等等，这种展出打破了物理上的局限性，还为观众提供了更加沉浸式的观展体验。

（3）沉浸式体验型

沉浸式体验型是云展览最新型、最独特的展示形式，主要以 VR、AR 等技术将参观者置于一个虚拟的展览空间里，让参观者身临其境地感受展览。这种新颖的展示形式可以让参观者有从未有过的观展感受，能够像在真实展览一样观看学习，甚至能与文物进行近距离接触和体验。如中国国家博物馆“复兴之路”VR 展览采用的就是沉浸式体验型展示形式，运用虚拟现实技术对中国国家博物馆“复兴之路”展览展厅以及文物进行数字化重建，参观者通过佩戴 VR 眼镜走进虚拟的“复兴之路”，体会从古至今中华民族艰苦而又波澜壮阔的发展道路，在这个过程中还可以参观展览、观看历史性视频、参与互动问答等，获得更多的知识。这种展示形式不仅打破了传统展览的物理空间限制，还为参观者带来更逼真的历史学习体验。

“复兴之路”VR 展览（来源：中国国家博物馆官网）

（4）社交互动型

社交互动型是云展览中注重参观者参与和互动的展示类型，主要是在社交平台上将参观者与展览连接起来，让参观者能够分享自己的观展经历，在社交媒体上开展互动活动，与其他参观者进行交流讨论。在参与过程中能更好地理解展览内容。如故宫博物院打造《故宫社区》APP，该项目通过社交平台向大家传递故宫的文化资源，人们可以在这里分享自己来到故宫的故事、参与互动问答等内容，还可以和其他人互相交流和讨论。此外，故宫还提供了线上讲座、文物修复体验课等活动，让人们来到这里就能感受到更加丰富具体的故宫文化。由此可见，这样的展示能让人们产生更强的参与感和融入群体的归属感。

故宫博物院《故宫社区》APP（来源：故宫博物院官网）

（5）混合展示型

混合展示型是云展览综合各种展示形式的综合性展示形式，根据展览内容和参观者需求，灵活采用静态展示、动态交互、沉浸式、社交互动等不同的展示形式，展示更多的展览内容，发挥不同展示形式的特点，提升观展体验。

2. 按主题内容分类

随着数字化技术的不断发展以及观众需求的多元化，博物馆云展览的主题内容也越来越丰富，有历史、艺术、科学、自然、民俗等等。按主题内容划分，云展览可以被划分为如下几个类型，每个类型都有其独特的魅力和意义。

（1）历史文化类

历史文化展览是博物馆云展览最常见、最经典的一种类型，一般以历史事件、历史人物、历史遗迹等为对象，运用数字化手段来展示形形色色的历史材料和文化遗存，带领人们走进历史现场，在时间长河里自由穿梭徜徉，领略往世千年文化的魅力与气息。比如国博云展览中的“复兴之路”系列线上展览就非常有文化底蕴和观赏性，用很多的历史文物、图片、视频等元素向世界人民展示了从鸦片战争到新中国成立以及后来进行改革开放这样一个历史时期的变迁和发展过程，为观众了解那段艰难而又辉煌的近代中国发展史提供了一个重要途径。在这个展览中，既有详细的历史背景知识介绍、主要大事记以及重要历史人物，还有在线提问环节，不仅能增强观众的参与感和代入感，更能从中让观众感悟中国人民顽强抗争、艰苦奋斗的精神品质，可谓寓教于乐，非常有利于提升国民的文化素养并弘扬中华优秀传统文化。

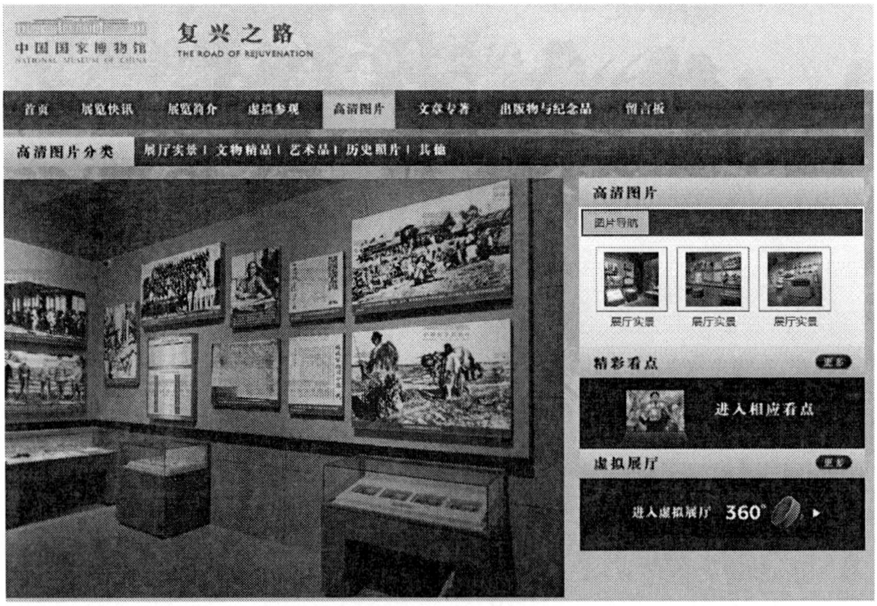

“复兴之路”线上展览（来源：中国国家博物馆官网）

（2）艺术类

艺术展览是博物馆云展览中最具观赏性、教育性的展览，包括绘画、雕塑、摄影、设计等各种艺术作品。可以让参观者在线观看各种艺术品细节展示的高清图像，在网络空间里将色彩、构图完美呈现于观者眼前。例如，中国美术馆的“在线美术馆”项目中的艺术展览项目，通过这个项目，可以看到中国美术馆收藏的各种艺术展品，既有中国画，又有油画、版画及雕塑等，能够提供在线导览、在线图片和视频介绍等展示方式，还有线上艺术讲座和与艺术家面对面的访谈活动，让人们既可以欣赏艺术又可以和艺术家零距离交流。这种线上展览方式非常便捷，具有较强的普及艺术知识的功能。

中国美术学院美术馆线上美术馆（来源：中国美术学院美术馆官网）

（3）科学自然类

科学自然类展览是博物馆云展览最具探索性及教育性的类型之一，涉及自然科学、地球科学、生物科学等相关内容，在网络空间中以数字化方式，让复杂的原理变得直观且形象，使参观者可以畅游科学的空间，并在虚拟世界里探索大自然的神奇与伟大。如中国科技馆的“云上科技馆”项目属于典型的科学自然展览类型，整个展览项目包含的展品非常全面，从航天航空到生物知识，每一个展览都有很强的知识性以及趣味性，如探索宇宙等展览利用VR技术打造了一个完整的宇宙模型展厅，参观者戴上头盔就能身临其境地穿梭在浩渺的宇宙之中。此外，在线课堂、科普讲座也是这个项目的重要组成部分，可以让大家通过线上活动随时随地学习各种科学知识，为促进广大人民群众树立正确的科学观念起到积极的作用。

中国科学技术馆云上科技馆（来源：中国科学技术馆官网）

（4）民俗风情类

民俗风情类展览是博物馆云展览中具有文化特色和地域特色的展览之一，多以不同地区的民俗文化、民间风俗以及各地区节日庆典活动等为展览内容进行数字化呈现，通过这些数字化的展览，观众可以在不同的虚拟空间感受多彩民俗风情的独特风采及文化氛围与地域特点。如中国民族博物馆“云上民族村”的展览，以中国民族文化为主题内容，在运用数字技术的基础上，把中国 56 个民族的传统服饰、音乐、舞蹈、手工艺品等以活灵活现的方式展现出来供观众观赏。除此之外还可以利用在线导览、高清图片、视频介绍等方式进一步了解不同少数民族的不同历史传统和特质，还会定期举行线上民族文化节、民族音乐会等活动，让群众在欣赏中国文化的同时亲身参与其中，使线上展览更具吸引力。

中国民族博物馆数字展览（来源：中国民族博物馆官网）

上海历史博物馆长期展览（来源：上海历史博物馆官网）

（5）社会生活类

社会生活类展览是博物馆云展览中现实意义和人文关怀感最强的一类，主要是围绕现代人们的生活方式、社会问题、文化传承等进行的展览。博物馆利用数字技术让真实的社会现象、人文故事变得鲜活生动、感人肺腑，让观者在虚拟世界里感受社会的多样性和丰富性、人类社会的发展与未来。上海历史博物馆“城市记忆”线上展览是社会生活类展览具有现实意义的典型例子，以展现上海城市的历史发展变化为主题，利用数字化的技术将上海从一个小渔村到国际大都市的变化展现在观众面前。线上导览系统提供高清图片及视频介绍，设置较多线下线上互动环节（在线旅行、知识问答等）。当观众了解到关于上海城市的种种信息时，他们便会对人类社会发展与未来进行思考，该线上展览的形式方便了观众学习并有利于弘扬传播上海城市文化。

3. 按互动形式分类

随着信息技术的进步以及观众需求越来越趋向个性化，云展览的互动形式也在不断更新迭代。按互动的形式，可以将博物馆云展览分为如下几种，不同的互动形式适用于不同的场景。

（1）单向浏览型

单向浏览型是云展览最基础也是最传统的交互方式，主要是通过图片、文字、视频等将展览内容进行数字化后上传至线上，任由人们自由浏览。这种展览方式相对较为枯燥，基本上是一个接收的过程，在一定程度上类似人们习惯去博物馆看传统线下展览，适合用于展示博物馆的基本信息、馆藏文物的基本介绍以及历史背景等相对静态的内容。目前大多数博物馆都有设置数字博

全景故宫（来源：故宫博物院官网）

上海博物馆微博社交媒体平台定期内容发布与互动（来源：微博）

物馆的方式，“全景故宫”则是北京故宫博物院推出的“数字故宫”的一个部分，游客或者是学生都可以登录观看，通过这个平台大家可随时随地参观故宫每一座宫殿、每一个景点，用鼠标任意移动视角角度、拖动镜头在故宫的任何空间任意行走，领略壮美辉煌的紫禁城。

（2）双向交流型

双向交流型是云展览中互动程度更深的一种形式，主要是利用线上线下的问答、评论以及各类社交媒体平台来进行观众与博物馆之间的双向交流，不仅可以向观众传达展览的相关信息，也可以接受来自观众的看法和评价，在参观展览后可以对博物馆进行反馈。例如，上海博物馆的“云观展·云互动”项目采用了双向交流型互动形式，观众可以在线浏览展览内容，并通过社交媒体平台与博物馆进行互动，博物馆会定期发布与展览相关的问题和讨论话题，鼓励观众参与讨论和分享自己的观点。这种互动形式不仅增强了观众的参与感和归属感，还为博物馆提供了一个了解观众需求和反馈的渠道，有助于博物馆不断优化和提升展览的质量和效果。

（3）沉浸式互动型

沉浸式互动型是云展览中最先进、最独特的互动类型，主要是利用 VR、AR 技术让观众完全置身于一个虚拟的展览空间内，对展览内容进行全方位的互动体验。沉浸式的互动展示让人们能够享受到从未有过的观展感受，进入一个新的虚拟展览世界中，并且能够与展品进行近距离接触，获得交互性的观赏与体验。故宫博物院推出的“丹宸永固——紫禁城建成六百年”就是使用了沉浸式的互动展示形式，通过虚拟现实技术将故宫进行了三维重建，在虚拟的空间里打造了一个逼真的紫禁城，人们戴上 VR 眼镜就可以走入紫禁城，亲身感受皇宫的气息。在参观的过程中，参观者可以和展品之间产生互动交流，比如观看历史视频、互动问答等，以便更多地了解历史知识。这种不受时空限制、带给人身临其境的新鲜感，将会激发人们对历史的兴趣，开拓人们接收历史信息的方式[1]。

[1] 澎湃新闻 2020-09-10：https://www.thepaper.cn/

故宫博物院“丹宸永固——紫禁城建成六百年”展（来源：澎湃官网）

（4）游戏化互动型

游戏化的互动型是云展览中寓教于乐、趣味盎然的互动形式，主要表现为将展览的内容游戏化，使参观者在玩游戏的同时还能增长知识、开阔眼界。此种类型的互动可以吸引观众的目光与兴趣，引发观众的好奇心。河南博物院的“一起考古吧”小程序以体验和游戏的元素，把河南博物院最具代表性的镇院之宝莲鹤方壶、武则天金简、杜岭方鼎、贾湖骨笛等文物融入这个小游戏中，在挖掘“数字文博”的同时，还有概率免费收获一枚支付宝 & 河南博物院的联名款考古盲盒。参观者能够在玩耍的过程中学习到有关考古的知识，激发对于考古以及历史文化的兴趣。

（5）个性化定制型

个性化定制型，是一种强调观众的个性化需求与体验的互动类型，主要通过观众的行为以及偏好来实现对观众个人化的需求和体验服务。此类互动能够更好地满足观众不同的需求和喜好，并为博物馆提供相应满意的答复，从而增加其满意度和忠诚度。例如，中国国家博物馆推出的“智慧国博”就采用了这样的展示形式，在运用大数据和人工智能分析受众行为、兴趣的基础上，为中国国家博物馆的观众提供个性化的展览内容及方式[1]。如该观众喜欢历史文化知识，则可以为其推荐相关的展览及文物，由国家博物馆提供相关个性化的导赏与互动，还可根据其爱好向参观者提供各种个性化的学习与活动安排等。这

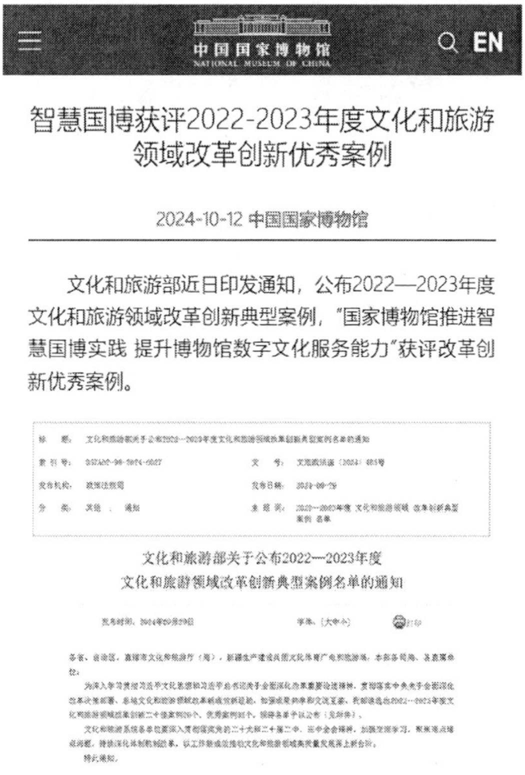
中国国家博物馆
NATIONAL MUSEUM OF CHINA
EN

智慧国博获评2022-2023年度文化和旅游领域改革创新优秀案例

2024-10-12 中国国家博物馆

文化和旅游部近日印发通知，公布2022—2023年度文化和旅游领域改革创新典型案例，“国家博物馆推进智慧国博实践 提升博物馆数字文化服务能力”获评改革创新优秀案例。

文化和旅游部关于公布2022—2023年度文化和旅游领域改革创新典型案例名单的通知

中国国家博物馆“智慧国博”（来源：中国国家博物馆官网）

[1] 文旅中国 2024-03-01. https://baijiahao.baidu.com/s?id=1792291155723222547&wfr=spider&for=pc

些都能使不同观众产生较高的满意度和忠诚度，并同时给博物馆反馈相关信息。

4. 按受众群体分类

博物馆打造云展览之前要考虑受众群体的特点，为不同需求、不同爱好的观众群体提供适宜的展览展示及互动内容。按照受众群体的不同，可以将云展览分为以下几种类型，每种类型都有其独特的受众定位和服务策略。

（1）儿童与青少年受众群体

儿童与青少年是博物馆云展览的重要受众群体，他们好奇好动，充满求知欲，对于未知的事物充满探索欲望，因此需要提供更加生动、有趣、交互性更强的展览内容和形式去刺激他们的学习神经和探索欲望。“小小科学家”就是中国科技馆在面向儿童与青少年受众群体方面的尝试，用动画、视频及互动实验的方式，让科学知识和实验方法以一种生动、有趣的方式呈现在观众面前。

物理魔法秀现场讲解体验（来源：中国科学技术馆官网）

故宫讲坛（来源：故宫博物院官网）

爱在博物馆——乐龄行动（来源：上海博物馆官网）

如“物理魔法秀”展览让他们通过观看实验视频了解知识、理解物理原理，或通过线上互动实验亲手操作实验仪器，感受奇妙的科学世界。

（2）成年受众群体

成年受众群体是博物馆云展览的另一个重要受众群体，接受教育的程度较高，知识体系比较完善，因而对展览内容要求会相应提高。在面对这样的观众群体时，需要博物馆提供更多充实、专业、全面的展览形式及展览内容。例如，故宫博物院推出的“故宫讲坛”在线讲座项目就是针对成年观众的创新之举，在网络上邀请许多专家讲解历史文化课程，为听众奉上精神大餐[1]。

（3）老年受众群体

老年受众群体亦是博物馆云展览不可忽视的人群。人生阅历的

[1] 故宫博物院 2025-04-17：https://www.dpm.org.cn/gugongforum/p/1.html

积淀、文化层次的造诣，使他们对传统文化有自己独特的主张和热情。博物馆要对他们给予关注，给他们提供紧贴生活的、感兴趣的展览内容，来填补他们的生活和心灵世界。例如，2025 年，上海博物馆推出与新民晚报合作策划的“爱在博物馆——乐龄行动”，这场专属于他们的文化大餐之外，更是对他们的一场邀约，邀请他们在器物中看见往昔，在笔墨中说出自我，在交谈中感受到温暖，也是邀请社会重新看待他们的能量与价值[1]。这场展览试图用巧思打破老年群体参与文化的现实窘境，用高远的立意实现文化养老和社会价值的合二为一，为老龄化社会公共文化服务做一次创新尝试。

国际交流展 - “中国古代陶瓷”
（来源：中国国家博物馆官网）

（4）国际受众群体

伴随着全球化的发展趋势，国际群体作为博物馆云展览的重要组成部分也越来越多地被重视起来，他们的语言习惯、文化背景与所处地区各不相同，并且对展览的需求更高，博物馆应为其提供多语种服务和具有国际化视角的展览内容和形式。中国国家博物馆的“国际交流展”在线展览项目就开创性地在针对外国受众方面进行了探索实践，以中国的传统文化为主题展开，在线向世界介绍了中国悠久的文化遗产，其内容包括高清图片展示、视频介绍以及线上互动等多种形式。例如，其中，“中国古代陶瓷”展览利用视频介绍的方式帮助观众了解有关中国古代陶瓷艺术的知识，同时还可以通过在线互动、参与陶瓷制作体验等活动。此外，还策划和组织了一系列国际交流展览，如“丝绸之路”国际文物展等，为国际观众提供了更加多元、丰富的文化体验。

（5）特殊需求受众群体

博物馆云展览的受众除了普通的大众以外，还有残障人士、低收入人群等特殊的受众群体，他们可能因为身体条件、经济条件等原因无法来到博物馆现场参观展览，因此博物馆需要提供无障碍访问的、免费或低价的云展览内容和形式来满足这些受众的文化需求和参与愿望。例如，中国残疾人联合会“无障碍文化体验”在线项目是针对特殊需求受众群体的创新尝试，在线与很多博物馆合作提供了无障碍访问平台，以及免费或低价的线下展览内容和形式。

[1] 上海博物馆 2025-04-17：https://www.shanghaimuseum.net/mu/frontend/pg/index

三、博物馆云展览核心特征

1. 无限关联性

如果说云展览是数字化时代背景下博物馆展览的一个新形式的话，那么它的另一个特征就是它的无限关联性，这种关联不仅仅是针对展览的内容而言的，同时也是针对“展览和观众”“展览和其他文化形态”“展览和技术平台”等等。

（1）跨地域的关联性

博物馆传统的展览是有一定的物理空间限制的，只有在特定的地理位置才能看到这个展览。而云展览是没有这种限制的，一个展览不仅可以在本地展出，可以在本国展出，甚至可以做到全球性的宣传展出。以网络直播的形式、平台进行宣传和展现，把博物馆的内容展现在“云”端。全世界的人都能看到线上展览，在一定程度上弥补了以往因为地域、地理等因素造成的难于到达或难于开展活动等问题，不论身处何方的人都能够享受到展览的服务，都可以获取相关的展品信息。

（2）跨时空的关联性

云展览既打破了空间的局限，也消除了展览内容的时空限制。博物馆可以把无穷无尽的历史长河中的珍稀文物和发生的各种事件都用数字化的方式记录下来，并通过互联网进行传播，让观众在虚拟的世界中摆脱时间的束缚，和历史展开对话。

（3）跨领域的关联性

云展览的跨领域关联性体现在其展览内容的多样性和综合性上。博物馆作为重要的历史文化展示窗口，所承载的展览文化内容具有历史、人文、科技等多元性的特质，采用数字技术进行文化融合并最终集中表现会形成不同领域的内容之间呈现跨领域的交融，并实现这些不同文化和知识范畴之间的流动和互补，拓宽展览的外延。

（4）跨媒介的关联性

云展览的跨媒介关联性表现在其展览方式的多样性和互动性。数字化技术让博物馆得以将展览内容通过图片、文字、视频、音频、虚拟现实等多样化的媒介形态在互联网上传播，这种跨媒介的关联性增添了展览的内容性和交互性。

（5）跨平台的关联性

云展览的跨平台关联性主要指展览内容的可移植性和互操作性。博物馆能够把展览的内容通过数字化的方式，以统一的标准格式进行存储和传输，在不同的平台进行展出。这种在不同平台之间的跨越，会提高可访问性与可用性，同时也能提升不同平台之间的互操作性。

（6）跨文化的关联性

云展览的跨文化关联性体现在其展览内容的多元性和包容性上。通过数字化技术，博物馆可以将不同国家和地区的文化资源进行整合和展示，形成跨文化的展览内容，极大促进了全球文化的交流与融合。

2. 虚拟交互性

虚拟交互性是博物馆云展览区别于传统展览的特有属性，运用现代技术手段，尤其是虚拟现实、增强现实以及人工智能等，在电脑端或手机端形成一个与线下展览具有同等观赏效果的展览展示形式，使大众能够方便地进行参观浏览。

（1）技术驱动的交互性

a. 虚拟现实（VR）技术的深度应用

借助虚拟现实技术营造出逼真的三维虚拟世界，让观众有身临其境的观展体验。在云展览中经常采用VR技术建立虚拟博物馆、虚拟展厅和虚拟文物等。“走进”虚拟博物馆后，观看者可以在各个展厅之间任意浏览，近距离接触文物，还可以对文物进行旋转、缩放、触摸等操作。这种独特的观展模式可以突破物理障碍，给人带来良好的仿真视听触觉体验。除了以上这些功能外，VR 的应用还涉及复杂的交互功能设计和用户体验研究。例如：VR 技术能够为观众提供导览服务，在展览现场设置导览机，拿着手里的 VR 设备或是在电脑端戴上相关 VR 眼镜就可以打开导览机，按照预定好的路线进入虚拟博物馆参观展览；当看到感兴趣的展品时，可以通过手势、按键等方式询问获取更多信息，这种导览方式既方便又实用。除此之外，还可以与人工智能相结合，实现智能问答、个性化推荐等功能，根据用户兴趣爱好和需要推送相关信息。

b. 增强现实（AR）技术的融合创新

增强现实技术通过将虚拟信息叠加到现实世界中，为观众提供了更加丰富的交互体验。在云展览中主要体现在文物信息的增强显示、互动游戏和导览服务等。AR 技术可以让观众在现实世界里看见虚拟的文物或互动信息，给观众带来直观的参观感受。云展览的 AR 技术具有极强的灵活性，例如博物馆可以将 AR 技术叠加在展览实物之上，或者通过移动设备，在手机或是平板电脑上观看展览内容时，只需要开启摄像头扫描即可让虚拟信息出现在现实世界之中。

c. 人工智能（AI）技术的智能交互

人工智能技术为云展览的交互性提供了智能化的支持。通过 AI 算法，博物馆可以根据观众在展览中的浏览轨迹、停留时间和互动行为等信息推断观众的行为和偏好，提供个性化的展览推荐、导览服务和互动体验。此外，对于文物的识读，还可以采用语音播报解说的形式让观众知道相关信息。同时，还可以实现智能问答功能，根据观众的问题提供准确的答案和相关的扩展信息。

（2）多感官的交互性

a. 视觉交互的丰富性

视觉是观众接受展览信息的感觉器官。在展品的展现上，云展览不仅可以清晰地向观众提供有关展品的信息，在三维建模等多媒体应用领域，也可以让参观者获得相对立体的感受。例如，博物馆可以运用三维建模的方式对文物进行三维复原，并将有关的文物呈现在参观者面前，使用鼠标进行转动、放大缩小等方式来观察物品的各个细节以及文物表面的纹路、质感等。博物馆还可以用视频动画的方式来播放对应的历史背景或者制作场景的视频，借助动态画面使观众更直观地了解文物知识与特点。

b. 听觉交互的沉浸感

听觉也是观众获取展览信息的重要感官之一。在云展览当中可以利用语音导览、背景音乐以及环境音效等方式为参观的观众带来更丰富的听觉体验。例如，针对每个展览区设置独特的背景音乐和环境音效，使之呈现出符合展览氛围及情境的场景，观众能够通过耳机或扬声器听到相应的声音，从而产生一种身临其境的感觉。博物馆还可以利用语音导览的方式对每一件文物进行介绍和讲解，这样既能帮助来馆参观的观众了解更多信息，又不会破坏参观现场的整洁度。

c. 触觉交互的探索性

触觉方面的交互，在现阶段的云展览中较少采用，但是在未来云展览中随着科技的发展有可能会被大量运用，如使用力反馈、接触传感器等去感觉物体的形状大小、触摸质感等，既能让参观者有良好的沉浸和参与体验感觉，又能增加其在修复文博文物古迹等方面的练习操作内容，达到观众学习提升的作用。

d. 嗅觉与味觉交互的潜在应用

嗅觉与味觉交互在当下的云展览中并未被广泛应用，但是在今后的发展中会运用越来越多的数字气味、数字味觉技术来为参观者带来更深层次的感官体验。如果在介绍古代烹饪美食的云展览中，可以利用数字气味技术带给参观者古时候美食的气味，用数字味觉技术给参观者提供虚拟的味觉享受，这样多感官的交互可以让前来参观的群体获得身临其境的感官盛宴。

(3) 实时动态的交互性

a. 实时互动与反馈

参观者可以在线上随时与博物馆产生互动并提出自己的看法和意见。观众可以在云展览平台上对馆藏展品进行评价、留言及提问，工作人员或专家会及时进行回复。这样的实时交流反馈，增强了参与感和融入感，并有助于不断改善和升级展览服务。博物馆也可根据互动反馈，对观众的兴趣点进行有针对性的服务提供，观众可点击感兴趣的展区文物信息获取相关知识，在线浏览参观的每一个角落。

b. 动态更新与迭代

云展览的内容可根据实际情况实时更新迭代。例如，博物馆可依据最新的研究成果、考古消息以及社会热点更新展览内容，如此一来便能使展览的内容更为丰富多彩，进而随时让游客领略到最新颖的文化信息与知识。与此同时，博物馆可通过数据分析功能实时掌握观众在平台中的浏览动态与反馈信息，然后根据这些信息的变化及时调整服务工作并提供更契合观众喜好的互动方式，进而增加游客对平台的黏性。

c. 实时导览与定位

使用智能导览系统，观众可以随时享受导览服务和实时定位。例如，参观者在任何时刻都可以通过手机 APP 或 VR 设备，获得所在展览位置、展览信息、参观路线等相关信息，这种实时的导览让参观更为省时省力，也能让游客按照自己的喜好与口味来安排自己的游线选择。除此之外，还能将智能导览与虚拟现实结合，通过 VR 头盔，在虚拟世界中游览完所有的展厅与文物，享受实时性导览与实时定位。

(4) 双向互动的交互性

a. 观众与展览的互动

观众可以在云展览里通过各种方式与展览内容互动。比如，观众可以通过点击、拖拽、旋转等交互操作，近距离观看展品的细节和纹路，可以通过互动游戏问答学习有关展品的知识，也可以留言评论或者分享观点等。双向互动让观众更有参与感和归属感，并且能够进一步了解展览内容。博物馆还可以使用互动技术向观众提供定制化的互动内容，参观者可以在网上挑选自己喜欢的互动形式和内容，博物馆可以单独为他们提供对应的互动模式。

b. 观众与博物馆的互动

除了与展览内容的互动以外，参观者还可以在线上与博物馆产生互动。例如，通过在线问答、虚拟导览、在线讲座等方式与博物馆的相关人员进行交流和互动。这样的双向沟通既可以让参观者获取更专业的知识和服务，也可以帮助博物馆收集到更多关于观众需求及意见的反馈以不断改进服务。除此之外，博物馆还可利用社交通信软件与其他观众展开更为广泛密切的互动，例如发布相关信息介绍吸引观众关注并参加活动，并及时回复观众在社交平台上的留言、评论等。

c. 观众与观众的互动

云展览中观众之间也可以互动交流。观众可以在观展页面进行各种留言、评论与分享，参与在线社群和交流，和其他的观众进行沟通等，观众之间的互动有利于增加其社交体验和文化传播。博物馆也能够通过线上社群的方式给予观众一个便利高效的交流空间，如建立群组或网站，在线接受人们的参与，开展讨论交流。另外，博物馆还可以发起相关的活动或者游戏，鼓励大家来参加并将其创作出来的东西予以展示。

（5）社交共享的交互性

a. 社交媒体分享与传播

云展览中观众可以把自己感兴趣的作品照片、视频或是对作品的评论通过微博、微信等社交媒体分享给自己认识的人甚至是不认识的任何人。在云展览观看过程中，观众不仅可以浏览文物展品的信息，而且还能实现与他人共享自己感兴趣的展品及观看感受。博物馆可以在社交平台上推广宣传展览，在平台发布展览预告，举办活动和比赛等。

b. 在线社群建设与运营

博物馆可以成立一些在线的社群，如建立微信公众号、微博号或者是抖音账号等。在这些平台上定期发布展览消息、活动预告以及文物知识等，并且能够通过组织线上讨论、提问以及社群活动等方式增加观众参与度和感受性，以此提高粉丝黏性和忠诚度，实现文化传播和交流的目的。博物馆可以在在线社群中为参观者提供量身定制的服务，了解参观者的兴趣和要求并推荐相应的展览内容和相关活动，并且可以将专家学者及名人名家也引入群内进行互动。

c. 用户生成内容（UGC）的激励与利用

用户生成内容是指观众在观展过程中创作的内容，如评论、留言、照片、视频等。在云展览中，观众可以提交自己的 UGC 信息，在云展览的平台上和其他观众进行分享和交流；可以在展览画面下留言和评论，发表自己对展览的想法和感受；可以为展品拍照或拍视频，将自己拍摄的照片和小视频发布到微博等媒体平台，展示自己参观的结果和想法。观众 UGC 的生成和分享方式可以为展览注入更多的新鲜血液，不仅丰富了展览的内容形式，还能够激发观众的参与感与创造性。博物馆既可以激励观众产生自身 UGC，如线上摄影作品比赛或者视频制作等，也可以利用观众产生的 UGC 来推广宣传展览，把一些优秀的 UGC 展现在展览网站或者社交网络上，引起观众群体的关注。

（6）教育引导的交互性

a. 在线教育资源的整合与提供

云展览为观众提供了丰富的在线教育资源。比如博物馆可通过在线讲座、课程视频、互动问答等形式为观众提供知识学习，这些都可以成为观众的教育资源。疫情期间博物馆提供的这些在线教育对于丰富观众的知识层面以及文化素养等方面都有很大的帮助。

博物馆可以整合和优化在线教育资源，例如把相关时期的课程视频、相关讲座录音以及互动问答等整合打包以便查阅，或者和其他教育单位一起开发相关的在线教育项目以供更多的使用人群获取信息。

b. 互动学习体验的设计与实现

云展览以互动游戏、虚拟实验、在线测试等方式为观众带来鲜活有趣的参观学习体会。例如，看互动游戏了解文物的制作过程与有关知识，看虚拟实验探寻各种原理与现象，看在线测试检验自己学到的知识是否过关等，这些多样的互动学习体会可以使受众感觉更有趣味性与积极性，从而开阔他们的思维，提高他们的动手能力和创新实践意识。博物馆能够构建和实现更加丰富多彩的互动式学习体验，比如利用虚拟现实模拟出一个虚拟的实验室或虚拟考古现场，让观众有机会去里面进行相应的活动；用游戏的方式设置一些互动性较强的有趣的游戏和比赛等。

c. 个性化学习路径的规划与推荐

借助 AI 算法和大数据分析技术，云展览可以实现为观众提供个性化的学习路径推荐。博物馆可依据对观众的行为、偏好的分析，判断他们的学习兴趣及需求，并针对其感兴趣的展览内容向他们进行相关学习的推荐；还可对观众的学习进程予以记录，对其学习成果加以评估，最后针对性地给出建议并提出相应的引导。个性化学习路径的提供将帮助参观者更好地自主学习和终身学习，提升自身满意度及学习效率等。

博物馆可以打造观众画像和学习行为分析模型，通过采集和研究观众的行为以及偏好信息数据来实现为他们提供更加准确且具有个性化的学习路径和服务的推荐。同时，博物馆也可与教育培训类机构或平台进行联合，共同推广这样的服务项目。

3. 自主创造性

自主创造性是云展览区别于传统实体展览的另一核心特征，观众可以根据自己的爱好和需要，自主选择自己感兴趣的内容、方式和参观线路，获得更加个性化和创造性的观展体验。这一特征不仅极大地丰富了云展览的内涵和外延，也为博物馆的文化传播和教育功能提供了新的可能性和动力。

（1）观众自主选择的广泛性

在云展览里，观众不再被束缚于线下展览的既定路线、展示顺序等，而是可以自主选择感兴趣的内容和观展路线。这种自主选择的广泛性表现为：

a. 内容选择的多样性

观众进入博物馆后，可以根据自己的喜好来选择参观感兴趣的展厅、展品或历史时期等。博物馆利用数字化手段将这些可利用的展览资源存入“云”中，让观众有机会根据自己的兴趣爱好来选择参观不同展览（画种）、不同时代和不同文物种类等有针对性地获取相应的文博知识或信息。如果他想参观古代艺术展览的话，那么就可以看到并选择看“中国古代绘画”；如果他对中国的近代史感兴趣，也可以在参观的过程中针对这一段历史进行参观的选择——“中国近现代史”。这样的参观选择，既体现了观展者的个性化特点，又便于有针对性地积累相关文博方面的知识与信息。

b. 观展路径的个性化

对于观众而言，由于云展览的观展空间更为宽阔、观展环境更加轻松舒适，在观展过程中可以依据各自的爱好和观展习惯，随时决定自己的观展路线，既可以顺着展览的逻辑顺序进行参观，也可以根据自己感兴趣的地方，跳跃式选择不同的展厅或者展品来观看。例如，去“世界历史”展览参观时，先参观完中国古代文明再选择古埃及文明，之后又想到古希腊文明等，这种个性化的观展路径赋予了参观者更多的掌控权，方便他们自行合理分配观展的时间与精力。

c. 互动方式的自主性

云展览提供了多种互动方式，观众可以根据自己的喜好和需求，自主地选择与展览内容进行互动的形式。例如，观众可以选择通过点击、拖动、旋转等操作，仔细观察展品的细节和纹理；也可以选择通过参与互动游戏和问答活动，了解展品的历史背景和文化内涵；还可以选择通过留言、评论或分享等方式，表达自己的观点和感受。

(2）观众自主创造的深度性

云展览不仅给观众提供自主选择的机会，还给观众提供自主创造的空间和平台，让其能够在观展过程中彰显自己的想象力和创造力，任意为之，最终实现独特的观展体验。

a. 知识创造与分享

在云展览中，观众可以学习、研究展览内容，并且结合自己的知识和经验形成新的知识或见解，然后再通过在线的平台进行发布。例如，观众在参观完“中国古代科技”这一展览之后，基于自己的专业或者兴趣，在网上对自己的观展内容进行进一步的研究和解读，并提出自己的看法和见解，然后在网上的论坛或者朋友圈进行发布和交流等。这是一种知识的创造以及分享行为，这也会为来自全国各地不同背景的观众提供一个新的交往方式。

b. 艺术创作与表达

艺术创作的灵感来源，可以在不同的云展览之间自主地切换，在获取到视觉和审美享受的同时完成不同的艺术作品创作。例如，在“世界艺术大师作品展”中可以根据自身的观览欣赏，产生新的绘画作品以及对世界艺术大师的理解和认识、创作摄影作品及各类雕刻艺术品等，并在线上进行发布分享。“参观游览”的功能也是促进产生艺术灵感的一个重要方面。

c. 文化体验与传播

云展览的观众可以在此进行亲身感受和体验文化，并拥有独一无二的文化体验，然后再向他人进行输出或发布。例如，参观“中国传统文化体验展”的观众不仅能够欣赏中国的书法、国画、音乐、舞蹈等各类传统文化艺术，同时还能录制拍摄相关的视频及文字、图片资料并使用这些渠道与周围的家人朋友进行文化体验方面的传递，这便是典型的中国传统文化体验和传递的过程。

(3）观众自主创造的互动性

对观众而言，他们在云展览内的自主创造很多时候是与他人（包括博物馆本身）甚至社会进行互动来完成的，这使他们获得更强的在场感和融入感，为云展览的发展带来新的动力。

a. 观众之间的互动

在云展览里，观众能够彼此进行交流和沟通，将自己的想法、知识、技艺、作品通过网络平台传达给别人或与他人共享，向更多的观众传达观展所获。比如，不同的观众对“世界文化遗产展”，可以围绕文化遗产的话题畅所欲言，充分表达各自的见解、感受并由此促进彼此的学习进步，这种发生在不同地域甚至国籍人群之间的交流对话非常有意义也非常方便。

b. 观众与博物馆的互动

对于观众来说，在云展览中进行的自主创造活动，也是为博物馆提供反馈和建议的重要途径，使博物馆能够更加了解观众的需求和期望，进而不断改进和完善展览。例如，观众可以在留言、评论中向博物馆提出自己对展览内容、互动方式、技术手段等各方面的建议和意见，博物馆可以根据这些反馈和建议及时调整、完善相关展览，使展览更加出色。

c. 观众与社会的互动

观众在云展览中的自主创造活动，同样可以引发社会的关注和讨论，实现文化与社会的互动融合。如观众在云展览中进行创作的艺术作品或文化体验，其借助社交媒体等手段传播到社会当中，吸引大家的关注并展开讨论，由此便推动了文化与社会的交流与互动，促进了社会对文化的关注，提高了社会的文化程度与文化氛围。

4. 广泛对话性

广泛对话性是云展览区别于传统博物馆展览的又一核心特征，展现了云展览推动不同主体间交流互动的独特意义和价值。在云展览里，博物馆与观众、观众与观众、博物馆与社会、不同文化之间等诸多方面的对话将充分展开，编织出一张大范围的、动态式的多元对话网。

（1）博物馆与观众之间的对话

a. 信息传递与接收的双向性

在云展览中，博物馆不再是自说自话的一厢情愿的单方面信息传达，而是在双向信息交互关系下进行互动。博物馆通过数字化平台将展览以图文乃至视频、虚拟现实等呈现出来，并为观众提供浏览和参观体验；观众则通过云端接受各色各类的信息，并在观展平台留下心得与建议、给予意见和评价反馈。双向传递和接收展品信息的过程能够帮助博物馆第一时间听取和了解到大家的心声，在这个基础上再针对性地对展出内容做出改进，进一步提升展览的服务性和贴近性。

b. 知识教育与文化普及的互动性

云展览不仅是文化知识的展示空间，也是知识教育与文化普及的互动空间。博物馆以线上讲座、课程视频、互动问答等多种形式提供给参观者系统性的文化知识和学习资源，观众也可以在此板块积极参与互动，在提问交流中与博物馆形成互动式学习的关系。这种具有互动性的知识教育与文化宣传方式将提升观众的文化修养与审美水平，并激发其对文化遗产的认知及保护热情。

c. 情感共鸣与价值认同的增进

博物馆与观众之间的对话不仅仅是信息与知识的传递，更是一种情感共鸣与价值认同。借助于云展览，观众多多少少都能了解到博物馆的精神面貌与展览内容，并感受到博物馆对文化延续和发展的一份责任与坚守。而观众则可以将自己的情感情绪通过留言、评论的方式传达给博物馆，“点赞”展品和博物馆，形成一种精神上的契合。在这种情感上的靠近与价值观层面上取得一致之后，自然而然便增强了对博物馆的情感。

（2）观众与观众之间的对话

a. 社交互动与经验分享

观众在云展览中可以和其他参观者产生社交互动关系，在线交流自己的观展经验和看法。比如可以在云端展览的页面留言评论，在群组里面与其他观众交流；或者加入线上社群、参与线上论坛等，有机会与其他有着共同兴趣的朋友一起揭开文化的神秘面纱，从而达到互动交流和经验分享的效果。

b. 观点碰撞与思想启迪

观众之间的对话，不仅有着经验的交谈沟通，同时他们之间还存在着一个观点碰撞过程以及思想上的启迪。在云展览中，每一个观众可以针对展览的话题、文物业内的解说或现象等进行自己的看法和想法表达，在线与其他观众进行互动，交流自己的观点。不同的观点和看法碰撞思想火花才能促进文化的深层次发展，开阔观众的思想。

c. 文化认同与社群归属感的增强

观众之间的对话与交流，能够使他们建立文化认同，强化社群归属感。云展览观展过程中通过交流发现文化兴趣和价值取向具有相似性的朋友们也可以结成团体，在这里被称作共同文化的“伙伴”。大家可以在观看的基础上互动分享个人相关的经验看法等，增强各自对于这份文化的认可以及共同体中的归属体验，从而更加自信自豪地欣赏这类文化艺术内容。

（3）博物馆与社会之间的对话

a. 文化传播与社会影响的扩大

云展览作为博物馆与社会之间的对话平台，极大地扩大了文化传播的范围和影响。一方面，利用博物馆数字化的技术，可以更加便捷、及时地向广大人民群众传播展陈的内容，在更大的范围和程度上推广介绍博物馆文化；另一方面，馆方还可以结合社交媒体、“抖音”软件来宣传、推介云展览，拓展文化传播的区域等。

b. 社会需求与文化责任的回应

博物馆作为社会文化的重要载体，承担着传承和创新文化的责任。通过云展览，博物馆可以清楚地意识到社会对文化的需要与期望，适时调整与改善展览内容与展览形式，以符合社会的需要和期待。云展览也可以给博物馆提供更多的了解机会和展现平台，从而积极担负起文化职责。比如，进行线上教育活动，给人们提供更多的文化资源与学习遗产的机会，推出并宣传相关保护工作或成果，使大众提高对于遗产保护的关注度等。

c. 文化多样性与包容性的促进

云展览作为博物馆与社会之间的对话平台，还促进了文化的多样性和包容性。通过数字化技术，博物馆可以实现不同区域、不同类型背景的文物展览汇集在同一个博物馆中，并且同个展厅展出，在线展示跨文化的展览。跨文化展览的概念可以让不同的文化在这个平台上交汇和碰撞，增长参观者的见闻。而且借助云展览也可以为世界各地的不同国家提供更多语种的支持，是一个很好的国际化方向，能带来更好的观看体验。

（4）不同文化之间的对话

云展览打破了地域的、文化的局限，为不同文化间的对话交流开拓了新平台和新途径。云展览可以将全世界的不同文化汇集在一起，来自世界各地的不同观众也可以不受文化限制地了解和欣赏其他国家的文化，并且进一步理解和尊重彼此。云展览的出现，使人们能够在一个展览里看到中国传统文化、欧洲古典艺术及非洲原始艺术、美洲印第安人的作品，通过比较和欣赏不同国家和对地区的作品，能够感受到每个地方、每种文化的独特之处，并提高对此前并不了解或者不甚了解的文化的理解能力。

第二章 博物馆云展览的内涵阐释

一、博物馆云展览的内容解构

1. 内容的传承与创新

（1）传统文化的深度挖掘与数字化呈现

云展览重视挖掘传统文化，以数字技术为载体全方位、立体化地展示文物、历史事件、民俗文化等。博物馆运用精确逼真的虚拟现实技术和三维建模技术，再现历史古迹和建筑，使观众能够身临其境般感受古代景象；运用多媒体显示，如图片、音视频资料等来补充背景信息并进行详细阐释，加深观众对文化遗产的了解。在淮阴区博物馆《奇遇三星堆》VR 项目中，通过先进的数智科技，在大屏幕上把古蜀大地下沉到水里的场景完美呈现在观众面前，让大家仿佛置身于一个神奇的魔幻世界，化身时空旅人与可爱的“文物精灵”——“小堆堆”，共同探索青铜纵目面具、神树、金杖等各类藏品的华美造型，并带领大家探访匠人村落、巨人世界、祭祀典礼等各种奇特场景[1]。

淮阴博物馆《奇遇三星堆》VR（来源：澎湃官网）

[1] 澎湃新闻 2025-03-04：https://www.thepaper.cn/newsDetail_forward_30301359

《韩熙载夜宴图》AI 沉浸式体验展
（来源：中国日报官网）

（2）现代科技与传统文化的结合

云展览不断尝试现代科技与传统文化的融合，创造出更多新颖、有时代感的文化产品。如利用人工智能实现文物的自动识别和标注，用大数据了解参观者兴趣爱好并为观众提供个性化参观和导览等。北京郡王府国内首个 VR 情景与人工智能虚拟数字绘画展《韩熙载夜宴图》AI 沉浸式体验展，由清华大学美术学院联合不同高校和科技公司共同研发推出，拟真地复原出绘画中的古人、器物与故事，利用 AI 技术将千年前的画家顾闳中复活，在画作作者与观众之间建立时空联系，带着参观者跨越千年时光，回到南唐时期的韩熙载府邸，让观众多角度自由对话及问答层递式智能探寻画作中的中华文化，获得沉浸式体验，加深对中华文明历史的认识，从发展的时间线上感受到古代文化与中国的发展变化[1]。

（3）文化传承与教育功能的强化

云展览侧重于文化传承及教育功能，线上对教育资源进行聚合提供，为观众尤其是青少年群体提供优质的学习资源，可以研发制作在线讲座、视频课程和互动问答等多种类型的线上教育资源，从而帮助参观者学习更多知识；另外还可以打造具有互动性的线上学习体

2024 年国际博物馆日主题海报（来源：澎湃官网）

[1] 中国日报中文网 2024-11-18：http://caijing.chinadaily.com.cn/a/202411/18/WS673ae9c0a310b59111da3fcc.html

验感，如模拟实验、体验感受等。例如，2024 年国际博物馆日主题为“博物馆、教育和研究”（Museums, Education, and Research），这是国际博协 33 年以来首次将教育和研究列为博物馆日主题，指出文化和机构能助力创造整体化的教育体验，同时也是培养人们好奇心、创造力和批判性思维的活生生的教育中心。

“Digital Encyclopedia of Ancient Life”在线展览
（来源：美国自然历史博物馆官网）

2. 内容的多元化与跨界融合

（1）跨领域的展览内容融合

云展览注重展览的内容跨界，把历史上不同的门类、知识、艺术、科学、自然等融合在一起办一个跨领域的展览，观众在这里可以看到多领域知识，实现不同学科间的交流与融合。例如，美国自然历史博物馆的在线展览“Digital Encyclopedia of Ancient Life”，以生物多样性为主题，在其网站上呈现了地球上数百万种生物的高清图片和三维图像及介绍，并对其历史、形状和生态等内容进行阐释。

“照见天地心——中国书房的意与象”数字展
（来源：故宫博物院官网）

（2）文化与艺术的跨界融合

云展览探索文化与艺术的跨界融合，通过数字技术把艺术作品的创作过程、艺术流派等内容向游客展现出来，让游客看到艺术品的同时还能看到更多的关于艺术作品的信息。比如，利用 AR 技术将艺术作品介绍、艺术作品的创作过程、艺术作品的艺术风格等呈现在现实之上，加强互动体验。故宫博物院所举办的“照见天地心——中国书房的意与象”数字展，通过 VR、3D 扫描等方式来呈现紫禁城书房，再结合当时多位艺术家的数字水墨创作，让人们线上就能“走进”乾隆的书房——“三希堂”，感受先贤们的笔墨之路。

(3) 文化与科技的跨界融合

云展览不断地文化破圈、科技破圈，运用一些新的虚拟现实、增强现实以及人工智能等新技术达到一个新的展览效果——用虚拟现实的方式，让人们置身于一个古代的建筑遗址现场，利用增强现实技术，在人们观看真实的文物时眼前还会出现虚拟的历史场景信息。比如敦煌研究院推出的“数字敦煌”，通过数字化推广和网络宣传，使得数以千万计的游客和网友都能够看到并关注敦煌文化。

(4) 文化与教育的跨界融合

云展览与教育领域深度融合，开发丰富和多样化的教育资源和学习体验。例如，通过虚拟现实和增强现实技术，创建沉浸式的教育环境，让学生身临其境地学习历史、艺术、科学等知识；通过人工智能技术，实现自主规划路线的学习和机器人辅导，获得更好的学习效果和学习时间。例如，故宫博物院的“故宫讲坛”在线讲座项目，邀请知名专家学者以线上讲坛形式向广大成年观众普及历史文化专业知识。

(5) 文化与旅游的跨界融合

云展览与旅游产业相结合，推出“云旅游”产品，将展览与旅行路线相融合，招徕更多的游客。例如，云展览的参观者可以先在线了解博物馆的展览信息，这样在实地旅游过程中有更多代入感和体验性，博物馆还可以联合旅行社推出文化旅游套餐等一站式文化旅游服务项目。上海历史博物馆的“考古上海”，围绕城市探源，站在考古的角度阐释上海故事，在考古学上第一次系统清晰地把 6000 多年前的“何以上海”的城市文脉梳理出来，并以数字化的方式呈现上海从一个渔村起步，逐渐发展成为国际大都市的过程。

上海博物馆“考古上海”展（来源：澎湃官网）

3. 内容的个性化与定制化

（1）观众画像与个性化推荐

云展览通过大数据、人工智能等分析了观众的行为和喜好，形成了详细的观众画像，向观众提供了个性化参观推荐和导览。比如利用 AI 进行算法分析，根据观众的浏览数据给观众推送感兴趣的内容，包括感兴趣的文物和展览等；通过自然语言实现更加流畅的语音交互。“发现·养心殿——主题数字体验展”是故宫博物院推出的一款展览，可以让观众充分细致地观赏养心殿珍贵的文物并了解更多的文物信息，该展览运用了 AI、VR、语音图像识别等一系列数字技术，并通过个性化的导览小程序记录与展览互动过程和积分，针对观众不同的行为和偏好给予个性化的路线推荐。

“发现·养心殿——主题数字体验展” 召见大臣
（来源：故宫博物院官网）

（2）定制化的展览内容与互动体验

云展览能够提供定制化展览内容与互动方式，满足不同观众的不同需要和偏好。观众可以根据自己的喜好和时间，选择参观什么内容和怎么参观，得到自己独有的文化体验，通过互动游戏、虚拟实验、模拟体验等方式增加趣味性。例如，中国国家博物馆的“熔铸古今——八十而立朱炳仁艺术展”，针对铜文化的学者、爱好者设置了精美的场景、有趣的互动区、打铜以及创意集章等多样化的展览展示形式，将参观、互动、教育融为一体，带大家一起进入充满科技感的空间，在穿越时空的过程中与我国五千年的铜文化进行一次对话。大家可以按照自己的喜好和时间，挑选参观什么内容和怎样参观，获得自己不同的文化体验。

熔铸古今——八十而立朱炳仁艺术展
（来源：中国国家博物馆官网）

（3）多语言支持与国际化视野

为了满足国际观众的需求，云展览提供多语言支持，确保不同国家和地区的观众能够方便地获取展览信息。云展览也面向国际受众进行国际化的展览策划，并通过多语言实现互动。例如，“美的多元——古希腊的艺术与生活”由国家博物馆与希腊文化部、希腊国家考古博物馆共同举办，展览的信息支持中文、英文等多种语言，方便来自不同国家的观众查看[1]。同时，以艺术藏品为主体内容的展览也对世界其他地区，特别是古希腊艺术较为陌生的中国观众带来丰富的古希腊知识，如高清图片展示、三维模型、线上讲座等，促进了中希文化交流。

“美的多元——古希腊的艺术与生活”展
（来源：中国国家博物馆官网）

4. 内容的社交化与互动化

（1）社交媒体与在线论坛的互动

云展览重视在社交媒体和线上论坛与观众互动，参观者可以在那里分享自己的观展感想，并与其他观众进行交流，博物馆也可以第一时间对观众在社交媒体和论坛上的留言和评论做出回应。“云游敦煌”数字互动展是敦煌研究院与腾讯联合推出的全球首个基于实物遗址创造的“超时空博物院”，通过搭建一个名叫“数字藏经洞”的超时空参与式博物馆，为游客带来别开生面的数字互动体验：高清画质结合三维重建、动作捕捉、游戏引擎渲染技术，使得人们可以通过“云游敦煌”微信小程序进入还原度极高的藏经洞时空场景，无拘束、无障碍地欣赏洞窟本体壁画、彩塑及碑文等文物细节。

（2）互动游戏与虚拟实验的设计

云展览设计互动游戏和虚拟实验，增强观众的参与感和趣味性。通过互动游戏，观众可以了解文物的制作过程、历史背景等知识；通过虚拟实验，观众可以体验科学原理和历史过程，深入了解文化背后的科学原理和技术方法。例如，中国国家博物馆推出“中华文明云展”，通过三维建模、虚拟数智人等技术，将重点文物进行动态活化展示，观众可以通过虚拟展厅自主参观，或由虚拟数智人艾雯雯讲解重点精品文物，还可以参与交互问答模块，学习文物知识。

[1] 文化和旅游部政府门户网站 2024-11-05：https://www.mct.gov.cn/wlbphone/wlbydd/xxfb/jiaodianxinwen/202411/t20241105_956061.html

“云游敦煌”微信小程序（来源：网易官网）

中华文明云展（来源：中国国家博物馆官网）

（3）用户生成内容的激励与利用

云展览鼓励观众创造和分享UGC，如观众对展览的评论、留言，或是在展览中所拍摄的照片、视频等。通过UGC让观众表达个人感想，有机会与其他观众交流互动，博物馆也可以利用UGC推广宣传展览。例如，上海博物

克劳德·莫奈（1840—1926）吉维尼的干草堆（来源：上海博物馆官网）

馆联合日本印象派艺术重镇——POLA美术馆与日本经济新闻社策划“印象·派对：POLA美术馆藏印象派艺术大展”，此次巡展是POLA美术馆走出国门的最大规模及最高级别展览，也是上海博物馆首次全面呈现印象派艺术源起、流变、繁盛与影响深远的印象派艺术大展。观众可以在微博平台上展示自己对于艺术的理解与感受，以图片、视频等方式展示自己的观展感受以及创意作品，上海博物馆也会采用相关内容进行展览推广宣传工作。

5. 内容的动态更新与实时互动

（1）实时更新与迭代

云展览的内容可以随时更新迭代，保证内容的时效性。比如博物馆可结合最新的研究探索、考古发现、时下热点等对展览内容及时补充和更新，观众能接收到最新最前沿的文化信息与知识。扬州中国大运河博物馆举办“从运河出发：中国大运河博物馆2022—2024年

藏品征集成果展”，主要展示的是 2022 至 2024 年间通过各种途径新征集到的新石器至近现代各个时代的陶瓷、金属、玉石、书画、织绣、漆木牙角、自然标本等各类藏品 4411 件 / 套，以“大一统”“安澜纪”“风华录”“交汇点”四个部分来展现三年来的征集成果，旨在号召社会各界人士关心和支持博物馆藏品征集和文物保护工作，共同助推大运河文化遗产在新时代焕发新的光彩[1]。

从运河出发：中国大运河博物馆 2022—2024 年藏品征集成果展（来源：扬州中国大运河博物馆官网）

（2）实时互动与反馈

云展览提供实时互动和反馈功能，参观者可以与博物馆在直播平台上进行在线实时互动和及时反馈。比如参观者可以在展厅页面评论、留言、提问，工作人员或者专家即时回答。既增加参观者的互动感和归属感，又可以了解参观者的建议，不断加以改进。上海国际光影节《千年之约·入画屏》数字光影展是上海广播电视台和上海图书馆打造的国内首个采用 AI 实时互动技术将观众动态融入宋画场景并多感官交互产生即时反馈的实时互动式光影展，全球首个将实时互动视频生成技术落地到线下展览。

（3）在线活动与直播

云展览通过在线活动和直播，增强观众的参与感和互动性。例如，博物馆可以举办线上讲座、直播讲解、互动问答等活动，吸引观众参与和关注。同时，通过直播技术，观众可以实时观看展览的开幕式、重要活动等，增强展览的影响力和吸引力。例如，中国国家博物馆推出的“国博云播”，无论是在国家博物馆官网、APP、小程序、视频号、抖音、快手、微博、央视频等各类不同的直播平台中随意切换都可以及时观看，由文博类专家们来讲自己觉得非常值得细品的一系列展品和展览等，将严肃性与课堂活泼性结合了起来，并且能够让观众直接参与到这个直播课当中，由此增加了观众与专家们的现场互动性和参与度。

国博云播·预告丨国博讲堂——古希腊艺术的当代意义（来源：中国国家博物馆官网）

[1] 新浪网 2025-03-17：https://k.sina.com.cn/article_3733965085_mde8fc91d03301c47i.html

6. 内容的教育性与启发性

（1）教育资源的整合与提供

云展览整合和提供丰富的教育资源，使广大观众尤其是少年儿童能够多角度接收、获得关于文物本体更多的文化价值与身世故事，可开发多类教育资源如网络讲座、视频课件、互动游戏、知识问答等，以更丰富的信息供给受众，传递更多文化的或专业的知识点与研究材料等。例如，故宫博物院的“故宫讲坛”在线讲座项目活动向成年群体进行专家名家系列专题讲座的知识传授。

（2）互动学习体验的设计与实现

云展览设计和实现更加丰富和多样化的互动学习体验，提高观众的学习兴趣和效果。例如，通过开展虚拟实验、模拟体验以及互动游戏等形式增强体验感、趣味性，通过直播互动或搭建平台线上开展讨论、创作征集、知识竞赛等活动以激励学生的参与积极性。例如，上海博物馆的“云体验”项目，运用多媒体等技术并进行交互式的设置，在网站上呈现，该馆的展览内容，并通过点击、拉拽等方式使展览活起来，进而产生更好的学习效应。

（3）个性化学习路径的规划与推荐

云展览通过大数据和人工智能技术，为观众提供个性化的学习路径和推荐。例如，利用 AI 算法，结合观众的浏览信息和互动行为分析，向观众展示或者推荐感兴趣的展品与展览；运用自然语言处理技术，使语音更加顺滑等；同时通过个性化学习路径规划，可以由观众根据个人喜好来规划参观路线和内容，选择适合自己的学习方式。例如，美国纽约现代艺术博物馆（MoMA）的“Personalized Experience”项目，运用大数据以及人工智能，通过对每一位到访者的分析，向其推介个性化的展览和互动方式。

7. 内容的可持续性与社会责任

（1）文化遗产的保护与传承

云展览重视对文化遗产的保护和继承，利用数字化的方式让珍贵文物和历史资料得以永续保存与发展，借助云展览活动在世界范围内传达文化遗产的意义与价值，从而提高大众的文化遗产保护意识。疫情期间敦煌研究院推出“数字敦煌”

为代表的线上云展览，获得世界各地游客的关注，使大家更多地了解、认知敦煌文化，同时敦煌研究院经常更新展览内容，向人们介绍最新的成果以及考古发掘情况等。

（2）文化自信的增强与国际影响力的提升

云展览通过展示中华优秀传统文化，提升国人的文化自信和民族自豪感。同时，以国际化的展览平台，向世界展示中国文化的魅力与价值，增强中国文化在海外的影响力。例如，中国国家博物馆的“复兴之路”线上展览，通过众多文博实物、图片、视频以及互动内容，使公众身临其境般感受从鸦片战争到新中国成立，再到改革开放之路的伟大征途，并获得中华优秀传统文化的价值认同及文化自信等精神品格。

（3）社会责任的履行与文化服务的保障

云展览强调社会责任，以免费或者低价的展览内容和方式满足各类型人群的文化需求，并通过无障碍访问的方式满足残障人士等特殊群体便捷浏览的需求，体现博物馆的社会责任与人文关怀。广东省博物馆“听见文物·相‘手’粤博”无障碍文化共融项目入选联合国教科文组织《全民博物馆：在无障碍和包容性方面的创新实践案例》，是国内博物馆系统化服务特殊群体的先行者，一系列特殊教育活动的实施对于保障残障人士的文化权益，营造一个尊重和包容的空间，培育出一个更平等、更温暖和更美好的社会具有重要的作用，为推动博物馆文化教育资源公平分配及公共服务均等化作出了应有贡献。

二、博物馆云展览的传播模式

博物馆云展览的“物”“息”“人”三大要素是相互依存、相互影响的关系，共同构成一个生生不息的有机传播系统。博物馆云展览中的“物”，为展览增添了丰富的文化与视觉气息；“息”使人与展览实现深层次沟通和互动；而“人”赋予了展览活力与灵性，使得博物馆云展览不仅是一个知识宝库，更是一个充满着生机活力并能与观众进行互动的活的文化载体，给参观者带来一种全新的、鲜活的沉浸式文化感受，让博物馆文化传播机构能在数字时代不断探索创新，获得长久的生命力与发展繁荣。

1. 博物馆云展览的传播要素

（1）物：云展览的核心载体

博物馆云展览的第一要素就是“物”，这些经挑选之后的文物、艺术品和其他藏品等各种物品都代表了人类文明的记忆和智慧，是博物馆的第一件宝物，也是人们走入云展览的主要原因。它们可以被不同的技术手段进行高清化、三维模型化或者其他形式的虚拟技术手段再次呈现在大家面前，来向大众展示其迷人魅力。如一些古代书画名作，在经过数字化扫描之后就能在云展览中呈现出精妙绝伦的艺术特色，无论是毛笔的线条还是水墨颜料，甚至画心上的装裱风格都能展现在面前，仿佛身临其境一般能触摸到这些文化瑰宝。另外，这些数字化之后的文物展品还能制作成各种互动类展品或游戏项目，让观看者能更进一步地了解这些物品，而且因为有了云展览的存在，那些分散于不同博物馆甚至是不同地区的精美“物”都能够在这里汇聚，为观众带来一场视觉盛宴！

（2）息：云展览的连接纽带

“息”，是博物馆云展览不可缺少的连接纽带，是展览所涉及的各种信息，包括文物说明介绍、历史知识背景、学术研究内容、策展思路灵感、观众参观互动评论等，是实现观众与展览之间有效沟通交流的重要元素。云展览中的这些信息可以采用文字、图片、音频、视频等方式呈现出来。当观众看到一件古代青铜器时，除了能够欣赏到这件精美绝伦的艺术品实物本身外，还能通过点选关联的网页了解这件青铜器的具体铸造方法、出土情况、铭文释义和该时期的时代文化背景等详细的文字介绍，或者点击聆听有关这件青铜器的专家深度讲解和音频解说，或者点击观看这件青铜器的相关考古发掘纪录片视频等等，让文物说话，满足不同观众的需求。同时，云展览还可以利用大数据和人工智能算法向观众定向推荐展览相关信息和知识，并且可以针对观众个人的信息需求，有针对性地提供相关服务，节省观众找寻的时间，提高服务质量。此外，观众之间的观展互动评论分享也是展览中不可或缺的部分，观众可以在展览平台上对所观赏的文物发表自己看完后的想法、疑惑及见解等，以观展评论的形式在展览平台上进行评论分享，与其他观众一起形成良好的互动交流气氛和知识交流氛围。

（3）人：云展览的活力源泉

“人”是博物馆云展览中最活跃、最具有创造性的因素，不仅包括云展览的策划者、组织者、研究者、讲解者等工作人员，还包括观众等多方力量。在云展览传播过程中，“人”起着推动和引导的作用，利用各自的手段将“物”与“息”融合在一起，为观众营造一个有教育意义的、文化的和有趣的虚拟展览空间。云展览的策划团队需要具备专业的知识技能、敏锐的市场需求洞察力以及创意创新的展览设计理念，从海量藏品中甄选出代表性的文物，以一定的主题为基础，通过各种现代化数字技术，策划设计出一个专业又有趣味性、高雅又生动活泼的云展览。同时还需要专家学者对展览进行专业知识补充及解读，使云展览能够给参观展览的观众带来一种全新的感受。对于讲解员而言，则要善于运用生动形象的语言表达方式、专业的讲解技巧以及互动式的交流沟通等方式来吸引大家的目光，并引导大家仔细欣赏每一幅文物图片或每一段视频内容，从而了解这个展览传达出的信息。对于云展览的广大观众而言，他们是云展览真正的参与者，可以根据自己的兴趣爱好、好奇心理等去自主选择观看哪些展览内容，如何观看，如何欣赏，当他们在欣赏这些精美的文物时，在提升自身文化艺术修养水平的同时也会不由自主地把这些信息传递给身边的亲朋好友，让他们一同分享自己得到的快乐与感悟，进而吸引更多的人参与到云展览活动中来，产生一个好的社会传播效果。

2. 博物馆云展览的传播主体

博物馆云展览的传播主体呈多元共生的生态势态，各自发挥所长，互为资源优势，共同把世间无限珍奇晶华汇聚到博物馆云展览，跨越时空，开启全民嘉年华。

（1）博物馆

博物馆是文化遗产的守护者和继承人，也是云展览的发起者和主要内容创造者。在数字化进程中不仅要让实物变成数字资源，还要保证数字资源的正确性、完整性和真实性。为此，博物馆投入了大量的人力、物力、财力来完成藏品数字化采集、处理、存储和展示，从各种照片到三维图像再到虚拟现实，云展览让博物馆不断更新设备和技术，以期给观众带来身临其境的观展体验。除了数字资源的打造，博物馆还要对云展览的具体内容进行策划。一个好的云展览不仅要有引人注目的展品，更要有独特的主题设置和引人入胜的叙述方式。博物馆的专业人员要研究展览文物的历史背景，了解它们的文化内涵，把每一件物品放在一个特定的故事中并以此向参观者讲述历史。博物馆还承担着云展览的宣传工作。通过各种官方网站和社交网站对外发布云展览的相关信息、预告即将举行的活动或与云展览有关的幕后故事等，吸引更多人前来关注，并与其他文化机构或者教育机构联合举办线上讲座或研讨会等活动来拓展云展览的教育功能。

（2）政府组织

政府是博物馆云展览进行过程中的传播者。博物馆数字化是公共文化服务的重要组成部分，政府应当大力促进其发展，鼓励和支持博物馆广泛传播文物藏品信息、用好管好文化遗产资源。首先，政府部门应该制定相关政策和计划，并为博物馆的数字化转型升级做好规划与引导工作；其次，出台一些优惠政策，在国家层面给予支持，让更多的博物馆敢于使用新技术手段去创造创新展览；再次，提供资金保障，扶持更多具备数字化采集条件的博物馆能够走出国门，实现国际化的文化传播，向世界讲好中国故事。同时，各部门间要加强配合与协作，如文教科等多个部门要相互配合，积极行动起来，推动博物馆数字化建设工作。文化部门可以把住这个口，对展览把关审核，教育部门也可以将云展览纳入课程范围之内，科技部门可以为数字化提供更多帮助和支持。

（3）合作机构与企业

博物馆云展览的发展需要合作机构和企业的助力，在数字化浪潮中帮助博物馆解决来自各方面的危机。随着技术的进步，博物馆对于技术的要求也在增加，许多技术和设备是博物馆无法独立完成的。因此合作机构和企业可以为博物馆提供相应的技术，如数字化采集技术、数字化展示技术和平台搭建技术等，利用三维扫描进行数字化处理，将实体展品转变为虚拟展品，或者运用 VR 打造沉浸式的空间感，抑或运用云计算和大数据进行分析并分享信息等等。

除了提供技术支持外，还可以为博物馆运营云展览，无论是从云展览设计还是内容制作、发布以及宣传推广等方面都离不开运营工作，这些机构和公司都可以根据博物馆的需求进行相应的运营工作，利用自己所具备的相关知识技能以及成熟的运营团队为博物馆提供运营服务。

同时，合作机构和企业还能分担云展览的市场推广和商业开发，可以与其他媒体平台、广告商等进行合作，帮助博物馆开拓更多的传播渠道和收入途径。例如，在社交媒体方面的合作能够助力展览的广泛传播，与广告商的合作则能带来一定的资金支持。

（4）新媒体与第三方平台

新媒体与第三方平台是博物馆云展览的重要传播途径和交流场所。他们拥有大量的受众基础、强大的舆论传播力以及多样的互动方式，给博物馆带来了新的展示空间。新媒体具有发布便捷、更新及时、易于互动等特点，为博物馆云展览提供了重要的信息发布渠道。观众可以在官方网站、微博或微信公众号上了解展览资讯、观看展品故事、参与互动交流，利用电脑或手机登录这些新媒体平台即可免费观看展览，并随时发表观展感受、提问解惑，还能直接与其他参观者进行对话沟通。第三方平台能够为博物馆云展览提供更多元的展示和讨论空间。例如，在线展览网站可以向博物馆提供多种线上展览的呈现模板和制作工具，社交媒体广告投放与数据分析服务可以帮助博物馆获取精准的目标人群并选择最合适的宣传时机与手段，在线教育培训课程的开发与网络授课可以拓宽博物馆教育的受众面等。此外，新媒体和第三方平台可以为博物馆云展览提供相关数据，并进行智能分析，以便博物馆了解到观众的浏览数据、观看时长、互动情况等，进而调整展览内容和形式，提升观众的观展体验。

（5）观众与公众

观众与公众是博物馆云展览的受益者和发起者。作为展览的一种存在方式，云展览的受众就是观看展览、体验展览、传播展览、推介展览的人群，他们在整个云展览扩散过程中起到了至关重要的作用。他们是来观看展览和体验展览的人群，对于云展览的质量效果是最有直接性感知力的，博物馆可根据他们的感受和意见加以改进提高。调查问卷、评论回复都是观众表达自身感受的形式，他们是云展览的推介人和发起人，可以自发在微博、网站论坛等对观展的感触进行反馈，也可以自发地对博物馆云展览进行推介和宣传，这些都有利于云展览的发展，好的口碑能使其迅速发展壮大，成为人们谈论的话题。

3. 博物馆云展览的传播模式

博物馆云展览的传播模式经历了从单向式到双向互动再到多向互动的变化过程，每一种方式都有其优缺点，需要根据博物馆自身情况以及观众的需要选择合适的方式，并不断进行创新。

（1）单向传播模式

单向传播模式，是最基本的博物馆云展览类型。博物馆是发布者，把展览相关信息转变为数字信号后通过互联网平台发布；观众是接收者，通过互联网终端进入博物馆网站或者其他平台观看展览。这一类展览不存在双向信息传递的过程，只是一种简单的信息传播过程。

单向传播模式的博物馆云展览，保留了传统展览的基本特点，在形式上添加了一些现代化元素，传统展览中的观众可以来到现场，按照展览路线和顺序参观展览，单向传播的云展览无法让人亲身体会到展品的存在，但可以凭借展览页面提供的高清图片、3D 立体图像等使观展体验接近真实，还可以根据自己的喜好选择想看的内容以及想看的顺序等，具有较高的灵活性。

不过，单向传播也有着它的不足之处。因为是单方面流动的，所以无法与博物馆人员进行实时沟通，单一的参观方式会使观众失去兴趣，不愿意再停留下去。而且，对于一些深度讲解和个性化服务的需求也无法实现。

（2）双向互动模式

双向互动模式是在单向传播模式基础上发展而来的。博物馆与观众可以实现信息的双向流通，并且可以实时互动。观众在看展览的同时，还能在网上接受博物馆发布的信息，并可通过网上留言、在线聊天等方式与博物馆进行互动和交流。由于双向互动模式的存在，参观者的参与感和体验感都得到了极大的提升。观众在看展览的时候不仅可以随时提出疑问并得到解答，还可以对感兴趣的展品留下自己的看法，而不是像以前一样只能看着展品。同时，博物馆也能知道自己的展览效果怎么样，哪些地方做得不好等。另外，在云展览这个平台上，博物馆可以针对不同的观众提供不一样的服务。为了满足不同人所需要的不同服务，为他们提供不同的观展线路、解说等内容。同时，也可以通过线上调查或者观众行为分析来了解他们的观展习惯等更多的数据。

但是，双向互动模式同样也存在着一些困难和问题。一是博物馆需要实时的互动和交流，这势必就需要投入更多的人力、物力资源来支持，并确保能够及时对观众的留言和疑问作出回复；二是博物馆需要具备一定的数字化建设和水平，同时还需要有相应的技术支撑团队，才能确保顺利进行。

（3）多向互动模式

多向互动模式是在双向互动模式基础上更复杂、更丰富的互动交流模式，博物馆与观众以及其他多方都实现了全面的多向互动交流。观众不仅可以与博物馆进行互动交流，还可以与其他观众、专家、艺术家等进行互动交流，形成展览多元共存的生态局面。

多向互动模式的到来使博物馆云展览充满勃勃生机，观众不仅可以看博物馆提供的展览信息，听博物馆提供的展览解说，还可以从其他观众、专家那里听到不同的看法和见解，开阔自己的眼界。此外，他们还可以参与其中，发表自己的评论意见，在线上展开讨论活动并创作分享自己的作品，成为展览的一员。

在多向互动模式下的云展览里，博物馆的身份也悄悄发生了改变，它们不仅仅是展览的信息发布者、传播者，还是展览生态的构建者、维护者，需要制定合理的规则制度、搭建开放性的平台和渠道，保证彼此之间顺利沟通，同时还要加强与其他各方的合作联动，共同促进展览的良好繁荣发展。

但同时，多向互动模式也存在一些挑战与问题：一是多向的信息流动、全面的互动会带来混乱和噪声，影响观众观展体验和观展效果，博物馆需要采取措施和方法对信息进行甄选过滤，去除掉无用甚至有害的信息和内容；二是多向互动模式要求博物馆具备较强的组织协调能力。博物馆必须有很强的组织协调能力才能保证各方之间的互动交流顺利开展。

1. 突破传统展览限制，推动文化创新与传承

博物馆传统的展览受到场馆物理空间的限制，人们只能来到实地才能参观。但是云展览把展览的内容从实际的空间转变到虚拟的空间当中，在任何地方、任何时刻都可通过网络访问，这使得文化传播没有界限，全世界的人都可以在网络空间里浏览参观。它打破了时空的局限性，极大地拓宽了文化的传播面，世界各地的人都能轻易享受到来自各个国家博物馆的文化资源，加强文化的传播与交流。很多小型的博物馆或者是地方博物馆，其地理位置偏远或者比较冷门，普通的展览不太可能迎来大量的观众。然而云展览可以将小型博物馆或地方博物馆鲜为人知的特色展览及珍稀藏品数字化后展现在全球网友面前，让更多人了解并认识这些鲜为人知的文化瑰宝。同时，一个大博物馆的传统展览，受自身客流量所限不能让大量的人看到，但云展览可承载无限量的观众上线参观，使更多人同时在线。

云展览为文化创新与文化传承开辟了新路径。数字化的展示与传播，可以使博物馆在原有基础上将文化和科技相结合，从而创造出崭新的具有创新性和时代感的文化创意产品。与此同时，云展览也为传统文化的延续与发展提供了更为便捷高效的手段。例如，在传统文化类云展览中，可以借助数字技术对传统工艺、民俗文化和历史建筑等进行创新性展示，使其更具观赏性并满足现代观众的审美和需求，以期吸引更多人群喜爱并关注此类文化产品，由此推动其创新发展。云展览还能够通过与现代艺术、设计、科技等领域实现跨界融合，创造出全新的文化表现方式和艺术形态，进一步促进文化的创新发展。借助云展览，传统文化得以走进大众视野，并赋予其崭新的生命活力，从而达到增强人们文化认同感及文化自信的目的。

2. 丰富展览形式，增强公众文化参与度

云展览借助 VR、AR、AI 等新技术，给受众带来多种多样的展览形态和身临其境的参观体验。与传统展览相比，云展览打破

了静态的文字图片展览形式，而是以动态的多媒体呈现、虚拟场景再现、互动体验等方式，让受众直观生动地感受展览内容。云展览的出现使历史类的展览可以重现当年的战斗、宫廷、市集等情景，如同身临其境；艺术类展览可以采用增强现实的方式展现艺术品的创作过程及特点等内容，让公众在观赏艺术品的同时更进一步感受它的故事及其魅力。另外，云展览为大众提供了更加丰富便利的文化参与途径，使其更加主动参与到文化活动中来，提高了公众的参与度。比如过去因为条件所限，人们很难有机会走进博物馆参观展览，但现在借助于云展览，无论走到哪里，只需要动动手指就可以随时参观展览、了解文化，足不出户即可得到满足的精神滋养。再如，过去去博物馆参观受路线、时间等限制，但如今可以自由选择感兴趣的展览主题及内容，不受任何约束地慢慢看、细细品，甚至还可以通过云展览中的互动评论、分享、创作等功能，主动参与到文化的讨论和创造当中来，说出自己的想法，分享自己的文化体悟和见解。

3. 促进博物馆数字化转型，提高运营效率

发展云展览，博物馆可以对藏品展览的相关信息进行数字化储存，提高博物馆的运营效率。云展览的出现可为博物馆带来新的运营模式和经济效益，有利于博物馆未来的可持续发展。比如，各博物馆可建立统一的数字化展览平台，将不同展览的内容在平台上集中管理，运用数字化的方式能够更加准确地掌握每个展览的运营数据，包括各个展览中的观众流量、互动数据、反馈数据等，进而方便博物馆做出相应的决策；也可以运用数字票务系统，通过网上预约、电子门票、网上导览等方式来提供给观众使用，以此提高观众的参观效率及服务质量，并减少博物馆不必要的运营成本，在突发事件或者特别情况下可以作为线下展览的补充，如遇到不可抗力事件时，及时为广大群众服务。

4. 促进教育公平，提高教育资源的可及性

云展览为教育资源的共享和传播提供了新途径，有利于促进教育公平、推动教育资源可及性发展。云展览能够让更多人随时随地接触到丰富优质的教育资源。这对于一些偏远地区、教育资源匮乏地区的朋友们而言是非常有好处的一件事，能够进一步缩

短大家与优质教育资源之间的距离。学校或教育机构可以在云展览平台上为学生们提供更多的优秀历史文化类资源，在云展览平台进行线上教学、学习等活动；学生可在云展览中真切了解到曾经发生过的事件、著名人物、艺术品等，开阔眼界；教师也可在云展览中搜索有关教育教学方面的素材资料以辅助自身更好地开展教育工作，提高教学质量。通过云展览，实现了教育资源的均等分配，有利于教育公平的发展。

5. 促进社会文化产业发展，提升国际文化交流与合作水平

云展览是博物馆数字化的一部分，同时对文化创意产业、数字文化产业、旅游文化产业等社会文化产业发展也有促进作用。例如，云展览可以带动文化创意产品的发展，为文化创意提供创作的题材和灵感，并促进文化创意产品的销售。博物馆与文化创意企业结合将云展览的文化元素以及创意运用在不同的文化产品上，以文创商品、艺术品、文化体验活动等方式表现出来，把云展览植入旅游业中，在文化旅游的目的地增加魅力，吸引更多的人去参观游览。

同时，云展览也为国际文化交流提供了新平台和新方式，博物馆也能够更加方便快捷地与国际博物馆界进行交流与合作，提升了博物馆自身的国际影响力。博物馆可以借助云展览向全世界展现自身的文化优势，将自身所具有的文化资源、展览内容展示给世界、展示给国际观众，增加国外观众的数量，从而达到与其他国家博物馆开展联合展览、学术研讨会等交流合作的目的，在保护文化遗产的同时促进文化的传播与发展。云展览为世界上不同地区的博物馆之间的文化交流提供了一个较为便捷高效的方式，不同国家的人民可以通过云展览增进对其他民族文化的了解，欣赏其他国家的文化作品，在相互学习吸收的基础上尊重他国文明，丰富世界的多元文化。博物馆可以利用云展览这个窗口来宣传自身的优势信息，扩大知名度和影响力，发挥其更大的作用，促进国内外的文化交流。

第三章 博物馆云展览的构建

博物馆云展览构建是基于虚实相合的思想，通过系统整合技术支撑、内容谋划、设计生产与运营推广的全过程，依托技术重构文化兴替的新思路，以动转数化的数字展陈、浸润式的体验破除时空阻隔，在用户的需要所致的内容生长和技术演替、经营运行之间实现自我循环的生态系统，激活文化遗产创新性转化的跨媒体价值传达。

一、技术支撑

1. 技术选型与集成

（1）技术选型原则

a. 适配性

所选技术应该与博物馆现有的信息化基础设施能够良好匹配，可以不改变现状直接对接博物馆的藏品管理、观众管理等相关系统。举例来说，如果该博物馆的藏品管理系统使用的数据库是 Oracle，在技术选型的时候就应该保证系统的可扩展性，可以很好地与 Oracle 数据库对接，并实现数据的导入导出以及信息更新[1]。此外，技术选型还应该适合不同规模不同类型的博物馆，国家级大型博物馆例如故宫博物院有着大量的藏品数据，需要支持复杂程度更高的业务流程，因此其对技术选型的要求将会侧重于数据处理能力以及稳定性，而地方中小型博物馆的数据量不大、业务流程没有那么繁杂，这就要求技术选型要考虑成本问题和操作简易度，从而支撑云展览的顺利运行。

b. 先进性与成熟性平衡

追求技术的先进性，来满足云展览创新的展示和互动效果的需求，通过虚拟现实（VR）、增强现实（AR）、人工智能（AI）等高

[1] 任丽红，赵丽芳．B/S 模式下博物馆馆藏数据库管理系统设计 [J]. 现代电子技术，2019, 42 (15): 157-159+164.

科技的应用，让参观者享受身临其境般的智能体验。例如，用 VR 让参观者置身于古代的遗址中去感受千年前的氛围，AR 则可以在人们参观实物文物的同时虚实叠加历史场景故事等。另一方面，又不能太过于落后，要考虑技术的成熟度，在保证使用的前提下考虑受众用户体验，不能因为高昂的维护成本而得不偿失，导致项目开展过程中遇到许多困难而无法长久持续地发展下去。使用相对成熟的案例落地新技术，如教育行业大范围应用并经过市场验证过的 VR 类教学平台技术，商场大面积普及过后经受过大众市场检验的 AR 营销产品。

Oracle 数据库（来源：Oracle 官网）

洛阳龙门石窟景区 720VR 全景展示（来源：720 云 VR 全景官网）

响堂山石窟造像精品 3D 打印（来源：河北文旅官网）

c. 可扩展性

博物馆云展览的内容会越来越丰富，观众的需求也会不断发生变化，技术架构需要能够适应发展变化的新趋势。例如，随着博物馆数字化资源不断增加更新，一方面，技术平台可以轻松扩展存储空间，即可以从几十 GB 扩展到几百 GB 再扩展到几 TB；另一方面，也能轻松增加更多的计算能力，既可以从多台服务器扩展到单台服务器，又可以从一台或多台服务器扩展到多台服务器。此外，技术架构也需能支持新功能模块的加入以及新应用场景的拓展，比如可以在已有的云展览平台上轻松集成 3D 打印新技术，提供文物 3D 打印服务供观众选择购买；或者拓展延伸到线上教育领域，轻松打造博物馆线上教育平台，为公众提供更多元的文化服务供给，为满足博物馆云展览持续创新发展的现实需求奠定良好技术架构基础。

d. 安全性

在技术选型上，要考虑数据安全和网络安全。博物馆的藏品信息、观众数据等涉及较高的安全级别，一旦发生数据泄露和网络攻击的情况，则会严重影响博物馆品牌及运营。因此，选择的技术要具有完善的数据安全保护功能：平台的数据加密，即使黑客盗取了这些数据也无法知晓相关内容；设置访问控制，不同级别的用户或系统只能查看到相应权限内的信息并禁止未经授权的访问活动；入侵检测工作，可定期对网络流量、操作活动等进行检查，如果在被检查的数据中发现不正常事件或行为时就发出报警通知网管中心有可疑活动存在，并启动防范和消除入侵影响的操作程序；必须安装防火墙软件，在网上充当保卫的第一道防线，防止外来恶意破坏和访问。

（2）关键技术选型

a. 虚拟现实（VR）技术

使用 VR 技术可以让观众在参观时感觉身临其境，犹如置身于真实的博物馆展厅内观看展品。三维建模方面可以选择激光扫描三维建模的方式对博物馆的展厅和文物进行三维重建，逼真地还原出虚拟场景，并且真实细致地展现每一件文物的每一个部位，让人们可以近距离观看。VR 头盔设备方面可选择 Oculus Rift、HTC Vive 等性能比较先进的 VR 眼镜，这种类型的眼镜显示屏幕高、延迟传感器低、佩戴舒适，能够让观众更加沉浸其中。除了 VR 头盔之外，还需要选择 VR 交互的技术，手势识别技术能够让观众通过系统识别自己的手形来操控虚拟环境中的展品上下左右移动变化、旋转展示与放大缩小。语音识别技术能够让观众通过开口提问了解到自己感兴趣的展品信息，还能够提一些问题让虚拟人物给予回答，缩短人与物之间的距离，增加趣味性。

HTC VIVE Focus Vision（来源：宏达通讯有限公司官网）

b. 增强现实（AR）技术

AR 技术能够实现虚拟信息与现实世界的完美融合，为参观者带来更为丰富直观的观展感受。因此，在技术的选择上可以使用基于电脑视觉的图片识别技术——Vuforia、ARKit 等图像识别技术，识别出博物馆展厅中指示牌或某件展品的牌子、展厅导览图等，把相关的虚实结合的信息、历史场景、互动游戏等内容呈现在观众的现实视野之内，让参观者看着显示屏或 AR 眼镜就能看到相关信息和视频内容，甚至可交互的 3D 模型，如对着某件文物照相时能看到该文物的相关介绍、历史背景及制作方法的动画，轻轻一点就可放大缩小模型来转动观赏它，将一块瓦放入另一个物件中变成一整块。可视可听的种种生动效果就会出现在眼前，并且还能互动，这样就可以让人们轻松方便地使用并随时享受增强现实带给他们的观展乐趣。

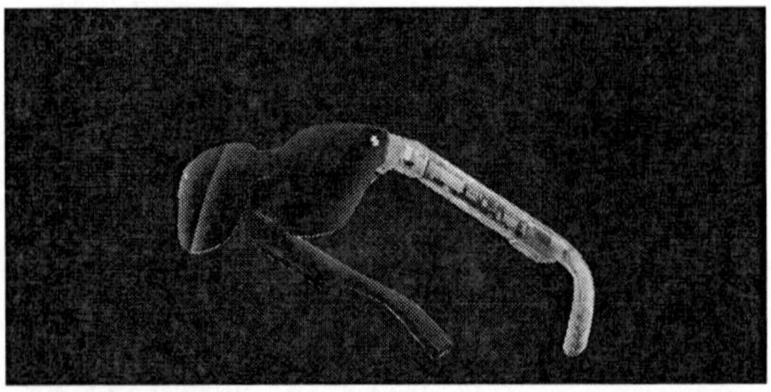

雷鸟 Air3 AR 眼镜［来源：雷鸟创新技术（深圳）有限公司官网］

c. 人工智能（AI）技术

AI 技术可以应用在云展览的很多场景里，比如：智能导览、个性推荐、智能问答等。采用百度 AI 和科大讯飞等 NLP 的自然语言处理技术，用人工智能模拟人的智能行为过程来实现对观众的引导和服务。为观众提供流畅的人机语音交互服务，在参观之前或者参观过程中观众可以用自己的声音与导览员进行交流互动，如问“这是哪个朝代的？”“这个展厅都有哪些展品？”等等，并且还能得到正确的答案。除此之外，选择协同过滤和深度学习等机器学习算法对参展者的各类行为数据进行分析，根据数据分析结果给予参展者个性化的展览推荐及导览服务，当看到感兴趣或觉得有价值的展览和展品时便会被系统主动地推送过来。最后是计算机视觉类技术选型、图像识别和物体检测等文物的智能识别和展示等。

杭州城市 AI 数字人“杭小忆”（来源：杭州市文化旅游局官网）

d. 云计算技术

云计算技术为云展览提供了强大的数据存储、计算和网络资源支持。在技术选型上可以使用阿里云、腾讯云或 AWS 这些公有云，具有高可靠性和弹性，按需支付，用起来方便。根据博物馆云展览的发展情况选择不同时段的资源配置数量，比如在博物馆展览推广之前，云展览刚刚开始建设，访问的人不多，就可以按照很少的需求来配置资源计算和存储，节省费用。当开始大张旗鼓地进行宣传推广之后，观众骤增，可以在瞬间扩增数倍的用量以确保平台正常稳定工作。另外，还可以选择相关云产品的套餐来进行组合适用的方案，如利用云服务器 ECS 来搭建整个云展览平台的一些后端服务，用云数据库 RDS 来保存展览的一些数据与用户参观数据，用云存储 OSS 存储展览的相关图片与视频资源，用 CDN 来分发全网观众加速获取观看来自全世界各地的展览等信息数据，搭建一个有效率、稳定的云平台让云展览来运行储存相关的各种数据资料。

e. 大数据技术

大数据技术能够对博物馆云展览产生的海量数据进行有效的收集、存储、处理和分析。一方面，在技术选型上使用 Hadoop、Spark 等处理大数据的框架和技术，具备强大的数据处理和分布式计算能力，对观众浏览数据、互动数据以及其他各类反馈数据等进行储存和处理。如使用 Hadoop 提供的分布式的文件系统 HDFS 对海量的数据集进行存储，使用 MapReduce 来处理数据，使用 Spark 具备的大规模数据集内存计算能力来完成各种操作。另一方面，选用一些数据可视化工具软件，如 Tableau、PowerBI 等，使复杂多变的数据信息变成容易理解、可视化的图像、图形化界面，为博物馆做好展览优化、观众服务、市场推广等方面的数据支撑工作。如使用数据可视化功能显示出观众人数、在馆停留时长以及观众与展品互动次数，并根据数据变化趋势，有利于相关单位了解不同时段观众的表现状况。

阿里云和腾讯云
（来源：阿里云官网和深圳市腾讯计算机系统有限公司官网）

（3）技术集成策略

a. 统一技术架构

搭建统一的技术架构，将不同技术集中整合在一起，形成一个协同工作的整体。例如，“VR/AR+ 云计算平台”，把虚拟场景、现实世界等渲染到显示设备上时需要大量算力资源及强大的运算能力支撑，在云平台上利用强大计算能力和存储空间对这些内容实时进行数据和图像的渲染。“AI+ 大数据”技术，用 AI 算法去挖掘数据分析进而进行智能推荐或是智能对话等。把不同的技术和信息集成在一个系统中之后可以实现数据的大集中以及避免数据孤岛的问题，为每个数据找到一个家，发挥其应有的作用。

江西省博物馆大数据可视化（来源：文旅中国官网）

b. 模块化集成

采用模块化的设计理念，将不同的技术封装成一个个独立的功能模块，然后根据云展览的需求对这些模块进行组装和集成。比如，将虚拟现实展示、增强现实互动、人工智能导览、大数据分析等做成独立的模块，每个模块都有明确的分工和接口，可以单独设计开发与测试，然后通过标准化接口把各个模块组装起来并对接数据。这种模块化集成的方式使技术集成变得更加灵活便捷，当想要增加或者升级某个功能时，并不需要改动整个系统，只需要更换或升级这个模块即可，简化技术集成的操作。

c. 标准化接口

统一技术接口标准，确保不同技术之间的兼容性和互操作性。例如，为 VR、AR、AI 等相关技术制定一个数据和通信接口、技术调用接口等，便于各应用在具备技术成熟度的基础上，按接口传输各种所需数据与相关功能，并进行彼此间的调用等功能，在各个要素的技术不一致的情况下也能完成有关的整合。标准化的各环节间的技术接口也利于后期的应用升级扩容，只需对新技术更新后按统一标准就可便捷地融入云展览的各种使用界面和使用过程中来。

“数智江博”综合管理服务体系系统架构（来源：文旅中国官网）

d. 协同开发与测试

建立跨部门、跨专业的协同开发与测试机制，加强技术人员间的沟通协作。技术团队人员对于云展览的业务需求、应用场景需要了然于胸，技术和方案要相互匹配，积极对接博物馆策划团队、设计团队、运营团队等，制定好技术方案与开发计划，在开发过程中多沟通多汇报，及时解决各类问题、整合各项模块，使技术方案的开发进度和技术需求能够相对应。在完成全部的技术集成后进行仔细全面的测试工作，包括功能测试、性能测试、兼容性测试、安全测试等各方面，为正式上线运营做准备。

2. 技术平台建设

（1）平台架构设计

a. 基础设施层

基础设施层是技术平台的底层支撑，其设计至关重要。考虑到资源的可扩展性、高可用性，在设计过程中采用虚拟化技术管理服务器设备、存储设备、网络设备等各种物理硬件；通过构建虚拟化的计算池、储存池等，根据云展览平台的实际负载，自动调整、分配所需计算机资源。例如，采用服务器虚拟化方案，即将多台服务器虚拟为一个完整的计算体系，并可根据业务量灵活提供所需的计算机算力，提高算力使用效率。此外，还需要选配稳定的软件环境，诸如 Linux 操作系统、MySQL 数据库管理系统以及 Apache 中间件等，以确保技术平台正常运转及数据安全地存入数据库。除此之外，还需考虑如何做到容灾备份并设置异地容灾与备份中心等。

b. 数据层

数据层是技术平台的核心组成部分，负责存储和管理云展览相关的各类数据。要设计相应类型的数据模型和数据库系统，使用关系型数据库与非关系型数据库储存不同类型、不同体量的数据。对于像藏品的基本信息、元数据等比较常见的数据用关系型数据库储存，文物的高清图片及视频资料则可用非关系型数据库储存。同时，制定好完整有效的数据备份和恢复策略，采取全备份、增加备份以及差集备份的方式对各类数据进行多样的备份，将这些数据存储到不同的载体上以及相距遥远的不同地方，在数据丢失或机器故障时能够尽快实现数据恢复，保证平台可以正常运行。此外，还需要考虑数据安全问题，对重要的敏感数据做好加密保护工作，并限制对数据访问的权限。

c. 应用层

应用层是技术平台的核心部分，承载着云展览的各项功能和服务。要按照业务要求打造灵活的应用构架，尽可能地将各种功能划分成为相对独立的应用模块，包括虚拟展示模块、互动体验模块、观众服务模块、运营管理模块等。不同的应用模块可以通过标准的接口来相互联系和使用，这样既可快捷方便地组装集成这些功能又能够很便捷地添加或更新。比如虚拟展示模块可以细分为 VR 展示子模块、AR 展示子模块等，互动体验模块可以再细分为游戏互动子模块、问答互动子模块等。

d. 展示层

展示层是技术平台与观众直接交互的界面，直接影响观众观展感受。要使用先进的前端技术和设计方法，如 HTML5、CSS3、JavaScript、Vue.js、React 等，搭建响应式的网页和移动应用界面，支持在不同终端、不同屏幕尺寸上良好展现。例如，运用响应式技术，云展览平台可以分别在电脑端、平板端、手机端等不同类型设备中自动适配不同的屏幕显示。关注界面的视觉设计和交互设计，方便观众浏览、互动和服务等，如布局清晰合理、图标含义明确且表达准确简练、文字易读、色彩适当协调、按钮或滑块等交互元素大小合适位置明显易找好按、选项下拉菜单设置恰当直观明了易于选择等。

（2）平台功能模块开发

a. 虚拟展示模块

虚拟展示模块是云展览平台的核心功能模块之一，主要完成博物馆藏品、展览的虚拟展示。开发优质的三维制作软件对博物馆展厅与文物进行三维数字化重建工作，并且做到逼真模拟，将虚拟现实 VR 技术和增强现实 AR 技术融入其中，为观众提供沉浸式的参观体验。比如，开发一个基于 VR 的浏览展厅的功能，观众戴上 VR 头盔就可以在一个虚拟的展厅里任意行走观看展品，就像身临其境来到了一个真实的展厅一样；开发一个基于 AR 的文物展示功能，观众只需要用手机等移动设备就能看到面前虚化出的文物信息以及趣味互动内容，比如一段关于文物的介绍或者一个小故事等。除此之外，也可以添加一些多媒体技术的效果来丰富虚拟展示的信息，比如高清图片、视频文件、音频等，以便参观者能获得更多的展览信息。

b. 互动体验模块

互动体验模块是云展览平台的重要功能模块，增加参观者的参与性和体验性。可以研发多样化的互动模式，如互动游戏、互动问答、互动实验和模拟互动等。例如研发一套文物修复工作者模拟小游戏，体验修复一件破损的文物，从而提高人们对文物及文物保护工作者的认知度和尊敬程度；研发一套历史知识小测试互动模式，供观众进行观看学习和知识吸收等。除了以上内容外，还可以设置观众互动，让观众登录后对观展情况进行了解，和其他观众开展相关社交活动，在线发表评论并对彼此交流讨论的内容进行分享等等，然后再通过观众线上互动情况的数据分析挖掘工作，提供相应的推荐服务。

c. 观众服务模块

观众服务模块是云展览平台提供给观众的必要服务应用。首先需要在此内容中开发一个智能导游的功能，为不同的人推荐最适合他们的观展路线和展品，帮助他们安排自己的参观计划，省时省力地进行观展活动；其次需要在此内容中开发观众个性化推荐功能，根据他们的观看历史、位置偏好、互动行为等，向观众推荐适合他们的展览和文物信息，更好地满足他们各自的喜好，以数据分析为基础不断优化提升云展览的质量水平，努力做到更好，赢得广大观众的喜欢与赞许；再次，在此部分内容中还需要开发观众反馈功能，从受众那里接收相应的意见或评论，让云展览可以做出相应的改变，变得更好更完美。除此以外，还可以添加在线咨询、提前预约、售票等多种类型的服务项目。

d. 运营管理模块

运营管理是云展览平台后台管理和服务的业务功能模块。需要开发展览管理功能，方便博物馆展览内容的编辑、发布和更新，云展览及时准确。需要开发观众管理功能，收集观众数据信息，管理观众数据资料，为博物馆日常运营的决策提供数据参考服务。例如，创建并了解观众画像，了解基本信息特征，了解观众兴趣点和需求等，做到精准营销；分析数据，对各类云展览参观数据和互动数据进行数据分析，确保对云展览效果有了解，及时改善提高；技术保障，对云展览运行过程中遇到的技术难点给予保障支持，并随时解决运行中出现的技术问题。

（3）平台性能优化

a. 负载均衡

采用负载均衡技术，合理分配服务器的负载，提高平台的处理能力和响应速度。比如可以采用反向代理服务器 Nginx 对几个应用服务器做负载均衡，用户访问云展览平台，由反向服务器承受压力并分别发往不同的应用服务器，不会导致单个服务器过载而使整个平台不稳定。还可以使用全局负载均衡的方式将不同客户的请求发往相应最近的服务器来减少时间延迟，加快体验速度等。

b. 缓存机制

引入缓存机制，减少数据库的访问次数和数据传输量，从而提高平台的访问速率。例如，在内存缓存 Redis 中对经常使用的数据进行缓存，比如展览的一些简介、展品的一些基本介绍，当使用者查找相关内容时直接从缓存中进行查询，不用每次都去访问整个数据库，加快网页数据的加载速度；也可以使用分布式的缓存将需要缓存的数据部署在不同的节点上，提高缓存的可用性和缓存空间，并注意缓存的过期时间等。

c. 数据库优化

对数据库进行优化，提高数据的查询速度及存储速度。对数据库的索引进行优化，在数据库上建立合适的索引，加快数据库的数据搜索速度。对数据库查询进行优化，尽量避免在 SQL 中出现复杂多层的查询以及传输整个数据。对数据库存储进行优化，对数据表、数据字段进行合理的设置，并尽量减少无效的冗余。使用读写分离，将数据库的读与写分在两个不同的服务器之上，可以提高性能，解决并发问题。对数据库进行备份以及维护数据库使其保持健康的状态。

d. 代码优化

对平台的代码进行优化，提高程序的执行效率和性能。例如，使用比较优秀的算法与数据结构使程序尽量简洁高效；把代码做一些模块化、封装处理避免代码重复或是某些无谓的操作；对代码进行一些压缩、整合等工作以减小其占用的字节大小，加快代码载入速度等操作；使用异步操作使得执行过程更快或更流畅；使用缓存来提前放置好一份建好的可用于多次调用的代码，减少每次都要等待编译的时间；建立关于代码的一些审核测试流程。

e. 网络优化

优化平台的网络传输，提高数据传输的速度与稳定性。例如，通过 CDN 将云展览静态资料（图片、视频、CSS、JavaScirpt 等）储存在全球各地的 CDN 备节点中，当用户需要此资料时就从离用户最近的 CDN 节点下载资料，缩短了数据传送距离和时间而加快了资源的加载速度。为访问的带宽做设置和扩容，在许多网友同时在线并且产生了巨大流量的情况下也不会出现因为网络阻塞而导致流量被截留的情况；优化网络协议和配置以减少延迟和丢包率，从而提升网络使用的可靠性和稳定性；使用网络负载均衡的方式分配网络运行压力。

3. 安全与数据保护

（1）网络安全防护

a. 防火墙设置

部署防火墙，对流向云展览平台的访问网络流量进行过滤和控制。例如，添加访问控制规则并封锁非法及可疑的 IP 地址、端口号等，拒绝来自可疑站点的访问请求；开启防火墙入侵检测和防御功能，实时监视网络流里的异常数据包活动，并及时拦截不正常的攻击；还要定期更新防火墙规则及策略，针对不同上网环境及网络状况变化，能及时准确地设置好防火墙各种安全选项。

b. 入侵检测与防御

采用入侵检测系统（IDS）和入侵防御系统（IPS），对平台的网络环境进行实时监控和保护。利用 IDS 监视平台网络环境的情况，在发现端口扫描、异常数据包或恶意代码的行为后会把这些事件记录下来，供安全人员处理；而 IPS 在 IDS 发现攻击之后可以自动切断攻击者的连接并拒绝攻击流量进入平台以防御入侵，保障平台不被攻破。对于上述入侵检测与入侵防御的工作应提前做好联动工作，例如，当 IDS 工作时发现攻击发生应该能够通知

IPS 开始工作。同时，也要注意定期对它们进行更新维护，以保证 IDS 能够有效检测最新形式的攻击。

c. 安全协议与加密

使用安全的通信协议和加密技术，保证在通信过程中不被窃取和破坏。例如，用 HTTPS 数据传输协议代替 HTTP 数据传输协议，在传送数据时对信息进行加密再传送，保证数据不被窃取与破坏；采用 SSL/TLS 加密技术，对用户接入平台的应用流量进行加密传输等。合理选择安全协议及密码算法，并根据不同的安全要求及应用性能需求设置其强度或版本号，同时做好安全协议 / 密码算法的安全评估与更换工作，确保平台上业务信息安全、稳定地运行。

d. 网络隔离与分段

对云展览平台的网络环境进行隔离和分段，将不同的业务系统和数据存储在不同的网络区域，限制不同区域之间的网络访问和数据流动。例如，内外网分开，网上博物馆使用内网，但对外则设有专门的互联网服务接口以供观众浏览和登录；在内网再分网，如数据库服务器、应用服务器、管理服务器等设备分网，并且保证每个服务器只允许相应指定的网络进入，防止受到外部或其他区域的非法攻击；还要设定网络分割和隔离方面的接入权限控制策略，限定网络内的不同地区之间相互进入的许可条件及信息交换通道，保持网络稳定性和完整性。同时注意定期检修并解决隔离分网出现问题时产生的安全事故或机器故障，使网络更加安全。

（2）数据安全保护

a. 数据加密存储

对存储在数据库和文件系统中的敏感数据进行加密处理，保护其安全性和隐秘性，如对博物馆藏品信息、观众信息等加密储存，使其不能直接使用。通过采用加密算法和密钥管理软件的方式对数据进行加密和解密操作，控制数据不被随意更改。正确选取合适的加密算法及密钥长度，针对不同情况下的安全要求与性能标准，选择适合的算法及不同的密钥长度，保证数据正确的加解密强度以及正确的解密速度，并且及时更换或者重新发放加密后的密钥，修复并优化加密算法和密钥存在的漏洞。

b. 数据备份与恢复

健全备份和恢复制度，做好云展览平台的数据定期备份工作，防止数据丢失、损毁等情况发生。例如，使用全备、增备、差备等方式，把数据存储在不同载体、不同区域，在数据信息丢失或系统出现问题的时候可以及时恢复，保证平台的正常使用。同时，还要设置合理的备份方案和时间，根据不同数据按照其重要程度以及变化情况等选择不同的备份时间和备份方式。此外，要对已有的备份进行检测以确定其是否有效，从而提高数据恢复的概率。

c. 数据访问控制

严格控制管理对数据的访问，只有经过允许许可的用户和系统才有可能访问到相应的数据。例如，采用角色访问控制（RBAC）机制，按照相应用户的一定规则所形成的不同的角色下不同权限的大小来决定每个类型用户对不同数据的不同访问级别和程度；使用访问控制列表（ACL）和文件系统的权限管理功能来获得各个不同的用户名或者进程之间的同一数据文件的操作区别，达到更加细粒度多方位的数据使用和访问的权限区分和保护，并做到随时可查寻、能监控的程度，在发现有人非法入侵访问时能够及时制止。同时，要实时更新相应的措施，定期检查或重新设置控制策略内容，以保持符合当前使用人员需求的安全范围以及应对现在所面临的安全威胁水平。

d. 数据审计与监控

对于数据访问和使用的行为进行审计监控，对数据的访问产生日志记录，并且能够及时发现和阻止数据的非授权访问和滥用。例如，部署数据库审计系统，审计并监视、记录数据库的访问操作行为，分析数据的异常访问行为和安全风险；用日志分析软件来分析和检查对数据访问产生的日志记录文件内容，形成数据分析报告供安全人员处理等。并且需要实现数据审计与监控报警和应急反应措施，当发现对数据访问的异常情况后发出警报，并采取相应的应对行动措施来保护数据的安全性，防止其泄露和受到破坏；同时定期做好数据审计监控系统的更新维护工作，弥补其中的安全漏洞和消除隐患，确保数据审计有效性的可靠程度。

（3）安全管理制度

a. 安全策略制定

制定全面的信息安全策略，明确云展览平台的安全目标、安全原则、安全要求和安全措施。例如，制定数据安全策略，做出关于数据的分类、储存、传输、使用以及销毁的安全要求；制定网络安全策略，做出有关网络的访问控制、安全防护、监控警告等安全措施；制定人员安全策略，做出关于人员的安全意识培训、授权管理、行为规范等方面的安全要求。还要及时根据云展览平台业务发展、威胁变化等更新信息安全策略，保证信息安全策略的有效性和适应性，并落实执行、督促检查信息安全策略。

b. 安全培训与教育

定期组织博物馆工作人员开展安全培训教育，提高安全意识和安全技能。例如，进行网络安全知识培训，包括介绍网络安全的基础概念、常见的攻击手段和防御措施；进行数据安全操作培训，向职工演示如何正确安全地使用数据；组织安全应急演练，模拟发生网络安全事件和发生数据泄露事故时的场景等；对参加安全培训教育的情况进行考核和评估，对工作人员接受安全培训教育的效果进行考核和评估，以保证工作人员的安全意识和安全技能得到提升；定期更新和改变安全培训与教育的内容和方式，使安全培训与教育能够适应变化的安全威胁以及业务发展的需要。

c. 安全评估与改进

定期对云展览平台安全情况进行评估检查，查找安全漏洞和风险隐患并加以改进提升。例如，开展安全漏洞扫描、渗透测试等针对平台的网络系统应用等安全漏洞的检查；开展安全风险评估，了解和确定平台当前安全风险情况程度与影响范围，继而采取相应的安全改进措施；建立健全安全改进机制，在安全评估基础上根据安全事件反馈及时持续完善安全改进效果，建立和完善安全改进制度化机制。同时要建好安全评估与改进的工作闭环管控体系，对于安全评估发现问题进行跟进落实整改；加强对安全评估与改进工作的方法和手段更新改进，定期或视情况根据安全技术发展和安全威胁变化等情况增加和替换新的评估工具和技术手段，以更好地完成安全评估改进工作。

二、内容策划

1. 主题定位

（1）主题选择原则

a. 文化价值导向

选择具有深厚文化内涵和历史价值的主题，能够体现博物馆的文化使命和责任，传承和弘扬中华优秀传统文化。可以是与古代文明、历史人物、历史事件和文化名人、传统艺术等相关的系列化、体系化的文物展出活动，例如“丝绸之路文明展”“明清宫廷文化展”“中国书法艺术展”，等等；另一方面，在博物馆举办主题展览要考虑其文化深度或文化品位，尽量多征求专家学者的意见，并应重视对所办专题的研究和挖掘力度。一般而言，与其所办主题相关的文化因素越多元越好。另外，在办展方面还要考虑突出教育性和传承性，比如，可适当关注优秀文化的传承，以此提升观众的文化意识及自信程度等。

驼铃声响——丝绸之路艺术大展（来源：北京日报官网）

b. 观众需求导向

充分考虑观众的喜好和文化需要，选择能引起人们关注和参与的展览题材。比如针对青少年可以设置有关历史故事、神话传说、动漫文化等方面的展项，如“中国古代神话传说展”“动漫与传统文化展”等来激发他们学习的兴趣和探究的愿望。对于成年观众可以设置艺术欣赏、文化感受、历史探寻方面的相关展项，如“世界艺术大师作品展”“中国历史文化名城展”等满足他们的文化追求和审美愿望，还要通过各种途径了解观众的相关需求信息，根据实际情况进行相应的改变和创新，使展览更具观众吸引力。除此之外，在主题上还要寻找趣味性和互动性，设置一些有趣的互动游戏或活动，增加观展的效果，提高观展体验度。

c. 创新性与独特性

追求主题的创新性和独特性，避免与传统展览或市场上其他展览的雷同，给观众带来新鲜感和独特体验。例如，可以结合新的科技和艺术形式，营造具有创新性的主题展览；或者挖掘博物馆自身的特色资源和优势，营造出具有独创性的主题展览，体现博物馆的个性特征，如“科技＋艺术”融合展、数字文化遗产展等。另一方面，也要支持策展人员以及相关创作者们敢于打破惯有的思维方式，大胆想象和发挥创造力，在展览的主题上大胆构思，提出与众不同的主题想法及展现方式，增加新颖程度。再者，在主题设置上要预留可延续和发展空间。

d. 社会热点与时代性

关注热点，追踪时代发展趋势，选择与社会发展、时代变迁相关的主题，反映时代精神和文化价值。可设置与环保、可持续发展、科技等相关的内容为主题的展览，如“生态文明与文化遗产保护展”“科技改变生活展”，引导观众关注社会问题和时代发展，思考人与自然、科技与文化的问题，增强责任意识与时代使命感。还要考虑国家政策以及社会发展需要，在现实及未来发展方向有指导意义的主题方面下功夫，选择符合时代发展的主题，发挥自身优势对社会发展和文化建设予以助力。另外，要考虑所选主题应具备时代性和前瞻性，捕捉时代脉搏并能预测未来文化的发展趋势，提出具有预见性及领导作用的主题，使自身的文化创新有所依循、有所展望。

（2）主题策划方法

a. 深入研究与挖掘

对博物馆的藏品、历史、文化背景等方面进行深层次挖掘，寻找独特的有价值、有意义的素材。例如，对博物馆藏品的分类研究，从而发现不同藏品之间的联系和文化底蕴，找到具有代表性和典型性的主题；对博物馆的历史发展沿革进行研究梳理，发掘博物馆自身发展的故事和所蕴含的文化价值，形成自己的独特主题；还需要大量收集整理相关的文献资料、学术成果以及一些民间传说等作为素材方便进行主题创作。除此之外，要注意运用多种学科交叉研究的方法，可以运用历史学、考古学、艺术学、社会学等多种学科来研究。

b. 观众调研与反馈

通过对观众的问卷调查、采访、社交媒体互动等方式来了解观众的兴趣爱好、对文化的需求，并对观众关于展览主题的建议和反馈进行搜集。例如，可以设置针对不同年龄、不同职业、不同文化背景的观众的不同展览主题的问卷，询问他们对各个展览主题的兴趣程度以及期待的内容；或者在美术馆开展相关的观众座谈会，在各大社交平台组织相关话题的主题讨论，在与观众朋友聊天的过程中听取大家对于展览主题的想法和建议，作为展览主题选择的一个参考方向。对观众的相关反馈做好记录分析工作，时刻准备好调整展览主题和内容。同时还可以增加一些观众参与和互动的内容，比如对展览主题征集观众的名字、让观众为展览投票等等，以提高观众的满意度。

c. 跨部门协作与专家咨询

建立跨部门的协作机制，将策展部门、藏品管理部门、教育部门、市场推广部门等不同部门的人员聚集在一起，共同讨论和策划展览主题。同时，邀请相关领域的专家学者进行主题策划，给出一些意见和建议，比如与历史专家、文化专家、艺术家等一起研讨展览的主题内容，也可以邀请教育、心理等相关方面的专家来研判和确定展览的主题内容对参观群体的教育和心理作用效果如何。还要注意与其他机构和组织的合作关系，特别是加强对外交流合作，比如可以与高校、科研院所、文化企业等单位进行合作，研究探索策划展览主题等。

d. 创新思维与灵感激发

运用创新的思维方式和灵感激发的方法，摆脱惯性思维模式，拓宽思路，寻找到新颖独特的展览主题。如用思维导图法，将主题的各种要素、信息等画出来，在视觉呈现之后，发现各种各样的主题之间的联系与创造点；从科技、艺术、设计等领域寻找创新理念或成功案例，与博物馆展览相结合从而创造出新的展览主题；同时也要制造一个良好的氛围或者环境，鼓励大家敢想敢创、勇试多闯，并为他们疯狂的想法和创意鼓掌喝彩；加强对创新思维能力的培养和锻炼，多举办一些创新思维类的培训和讲座。

周昉《簪花仕女图》（来源：济南市文化和旅游局官网）

2. 内容选择与组织

（1）内容选择原则

a. 代表性与典型性

选择具有代表性和典型性的展品和内容，能够充分展示展览主题的文化内涵和历史价值。例如，在举办“中国古代绘画艺术展”的时候就可以选取不同朝代、不同时期各个流派的一些代表作，如唐代的《簪花仕女图》、宋代的《清明上河图》、元代的《富春山居图》等。展览的内容方面也要讲究质量以及整体水平，尽量去选择一些精品文物或者是好的作品来参加展览。此外，对所选展品的整体性和全面性进行考虑，不要过于零散和偏颇。

b. 多样性和丰富性

内容要丰富多样，涵盖与主题相关的各个方面和层次，满足观众的多元化需求。例如，在举办“丝绸之路文明展”时，既要展出丝绸之路的文物、艺术品（如丝绸、瓷器、金银器等），也要展现丝绸之路的历史文化背景、文化交流与发展、民族交融等相关内容，使人们能全方位地了解和掌握关于丝绸之路的各种信息和知识。既要从时间纵向发展的层面来展示主题，同时又要进行横向空间上的展示，从而更全面更深层次更多方面地反映并体现有关的主题。此外还要求展览所涉及的内容应体现出地域性与民族性的特点。

c. 教育性与启发性

内容要具有教育意义和启迪作用，能够引导观众思考与学习，提升观众的文化素养和认知水平。例如，举办“中国历史名人展”，在展现历史名人生命历程和事业成就的同时，还要挖掘他们的思想精神、道德操守——孔子的仁爱思想、岳飞的忠烈精神、苏轼的通达人生等，引导人们向善向上。与此同时，还需要考虑内容知识的正确性和科学性，提供的应该是真材实料的知识和信息，兼顾所展内容的时代性特征，以及对当下现实问题的关注和考量等。

d. 趣味性与互动性

内容要有趣味性，具有互动性，能引起观众的注意和兴趣。比如，举办“中国古代科技展”，在展览过程中可以增添一些有趣的活动，让参观者体验一下古代的一些天文观测仪器、造纸术、印刷术等，在有趣的活动中去感受和学习古人的科技原理和用途，使观展的效果得到很好的提升。其次要注意表现的内容方式，用比较活泼形象的方式表现出来，利用多媒体或者虚拟现实等方式来展示所要表达的内容；也可以针对不同的年龄层次以及个人兴趣爱好设置不同种类的内容，增加各个年龄段群体的兴趣。

（2）内容组织方法

a. 时间线索组织法

将展览内容按时间顺序组织，形成一条清晰的时间线索，使参观者能够沿着时间的脉络了解该展览的主题和变化。例如举办“中国近现代史展”，

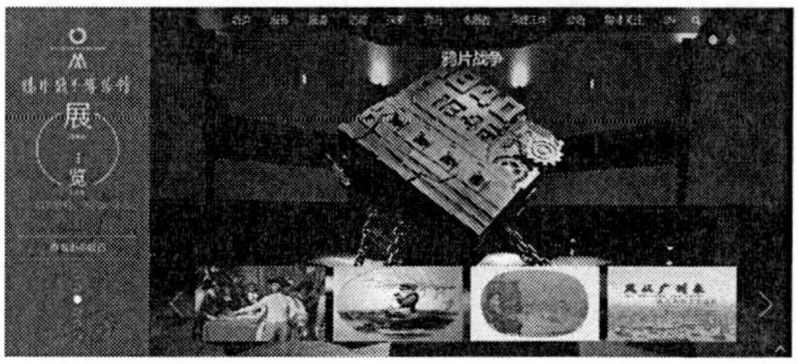

鸦片战争展（来源：鸦片战争博物馆官网）

可以以鸦片战争、辛亥革命、抗日战争、新中国成立等时间为序来组织展览的内容，使参观者能够在按照时间顺序排列的展览内容中清楚地了解到中国近代史的发展和变化。注意时间线的连贯性和完整性，在展览内容之间设置好过渡环节及连接词，使展览内容在时间上自然衔接、环环相扣。此外，将时间线索与其他组织方法一起使用，丰富和完善展览内容的组织方式。

b. 空间线索组织法

按照空间顺序对展览内容进行组织，划分不同的空间，置身在不同的空间中能感受到这个展览主题的不同侧面和不同层次。例如：举办“世界文化遗产展”，可以用行政区域（国别）的空间顺序来组织内容，设置中国厅、欧洲厅、非洲厅等不同的空间，在不同的空间展示不同时区或地区不同的文化遗存；还要注意不同的空间之间的关系，按照展览的内容和主题情况进行布置，对展区的大小、形状及位置进行调整，营造出不同的空间氛围，呈现出不同的视觉效果，并且还能设立一些引导提示、互动交流等标志，使参观者更有序地参与进来。

c. 主题线索组织法

根据主题的内在逻辑关系和关联组织展览内容，形成不同的主题单元，让观众能够围绕某个主题了解和探索展览内容。如举办“中国古代文学艺术展”，可以根据不同的艺术形式——诗歌、绘画、书法、音乐等，组织不同的展览内容，并将这些不同的展览内容划分为不同的主题单元，以便观众能更好地了解中国古代文学艺术的内容。当然要注意不同主题之间的关联与过渡，在展览中设置相关的互动游戏或者增加主题引导语来实现从一个主题到另一个主题的过渡，使各个展示的主题内容成为一个有机整体；也可以在确定好每个主题后，再与其他的方法相配合使用，比如时间线索或空间线索等。

d. 互动线索组织法

结合观众互动体验组织展览内容，设立不同的互动活动让参观者参与进来。如举办“中国古代建筑展”，设置互动模型、虚拟重建、模拟体验等，通过互动来了解古代建筑的结构、功能和意义；注意互动过程，除了在展览内容上组织一些互动活动外，还可以围绕展览的内容和主题，设计互动游戏、互动问答、虚拟试验、手工制作等形式多样的互动项目，给来到这里的人多种选择，并对每一个不同的互动环节做出引导，使各个不同的环节连接在一起。

3. 数字化开发

（1）数字化采集与处理

a. 藏品数字化采集

运用高精度的数字化采集技术，全面细致地对博物馆藏品数据信息进行采集。例如，通过三维激光扫描方式对外形、结构、纹理等进行扫描，得到文物三维模型；通过摄影方式对细部、颜色、材质等用高清相机拍摄成图片；采用光谱成像方式对文物所使用的材质构成情况、老损程度等情况做更进一步的记录。把一个物理的藏品变成数字的藏品，以数字化的数据存储形式为下一步的数字化展示提供原始数据，注意数字采集的技术精准度，在合适的时间选用合适的装备，匹配恰当的参数才能达到最后理想的采集效果。其次制定数字化采集的标准并控制管理。

b. 展览资料数字化处理

对与展览有关的文字、图片、视频、音频等资料进行数字化和整理工作。例如，将展览的介绍文字、历史资料、研究成果等资料进行数字化录入编辑工作，制作成电子文档；将展览的图片资料进行图像处理工作，提高展览图片的清晰度和质量；将展览的视频资料进行剪辑配音特效等工作，制作成适合在网上播放的视频文件；将展览的音频资料进行录音剪辑混音等工作，制作成适合在网上传播播放的音频文件。除通过数字化工作者让这些展览资料变得更加丰富生动便于传播使用之外，还需要注意资料数字化的技术和方法的应用，使用较好的图像处理软件以及视频音频制作软件等进行数字化处理工作，制定好数字化处理的工作标准并对整个过程进行管控，以保证数字化操作的规范有效一致。

c. 数据整合与管理

对收集到并经过处理过的藏品数据、展览资料数据等进行整理和管理，建立数字化资源数据库。例如，建立藏品数据库，将藏品的三维模型文件、高清图片与光谱数据等进行整合存储，与藏品信息（名称、简介、历史故事、历史文化意义等有关资料）进行关联；建立展览数据库，将展览的简短介绍文字、图文声像资料等进行整合存储，与展览基本信息（主题、内容框架、组成板块等有关资料）进行关联。对数字资源的各种数据进行整合和管理，方便快捷地存取利用，为云展览的展示运营提供强有力的支撑。同时，在做好相关数字化资源数据整合与管理工作的同时，也要特别注重做好对应数据整合管理技术方面的研究应用，要以各种数据库系统为主要载体工具和平台，运用数据挖掘分析技术和数据分析手段来进行各种数据整合与管理活动，提升数据整合工作能力和水平。除此之外，还要制定出相关的数据整合管理和数据组织工作的标准或规程，有效加强对数据整合工作的各项管理。

（2）数字化展示与互动开发

a. 虚拟展示开发

通过数字化采集和处理的数据进行虚拟展示的开发，供人们在虚拟世界里浏览和欣赏。例如，虚拟展厅，在三维模型和虚拟现实技术的基础上进行虚拟展厅应用的开发，把博物馆展厅文物等数字建模重建，在电脑上运行成为一个虚拟环境，参观者可以利用电脑端、手机端、VR 设备端进入虚拟展厅参观每一个展厅的展览；虚拟文物的展出是对本馆文物三维模型、高清图样的展陈功能的开发，让人们能够对其进行旋转、放大、触摸等近赏动作。同时还要考虑虚拟展示的技术方法问题，运用虚拟现实引擎、三维渲染技术、交互设计技术等提升虚拟展示的真实性与互动性，考虑制作标准规范，做好对虚拟展示产品的把控。

b. 互动体验开发

设计和开发多样化的互动体验功能，增强观众的参与性和体验感。例如，开发互动游戏（文物修复类游戏、历史知识问答游戏等），使观众能够在参观过程中参与到游戏中来，在寓教于乐的过程中接受历史文化知识与技艺的熏陶；开发虚拟实验（古时科技小实验、考古挖掘模拟等），让观众在虚拟环境中动手操作与实践，在潜移默化中了解科学原理和过程；开发观众互动功能（观众评论、分享讨论等），让观众能够在云展览平台上与其他观众交流互动，将自己的感受和心得分享给更多的观众朋友。“互动方式需要多样化且富有创意，根据博物馆展览的内容与主题特点选择不同的互动方式进行开发，符合不同兴趣和需求的观众群体。”同时，对于互动体验的设计和开发要建立一定的标准和规范，并对互动体验的开发环节进行管理与控制。

c. 多媒体展示开发

利用多媒体技术，将文字、图片、视频、音频等多种形式的内容进行综合展示，使展览更加生动、形象、具有感染力。例如，制作多媒体解说视频，将展览介绍、文物解读、历史讲述等信息做成一个视频对观众进行播放，观众可以通过看视频来进一步了解展览；制作多媒体互动展示，例如触摸屏幕互动展示、投影互动展示等，观众可以通过触摸、点击、移动等方式与展示内容进行互动，在此过程中获取更多的资讯和知识。与此同时，还需要注意多媒体的展示方法和技术，熟练掌握多媒体展示软件、视频制作软件、音频制作软件等，并且建立多媒体展示标准及规范，加强对多媒体开发过程的控制。

（3）数字化运营与维护

a. 内容更新与维护

定期对云展览的内容进行更新和维护，确保内容的时效性和准确性。例如，按照最新的研究或考古成果或者最新发生的新闻事件等对云展览进行内容的更新与添加；检查展览中的图片、视频、音频等内容是否存在卡顿不流畅或是不够清晰等问题，并及时予以故障修复和更换。同时建立更新维护的内容机制和流程制度，确定负责更新维护的相关负责人，多久更新一次内容或什么时候进行更新维护，需要更新哪些方面的内容，更新维护要达到什么样的质量效果等。

b. 技术监测与优化

实时对云展览平台的技术运行情况进行监视和优化，包括对平台的浏览次数、页面打开速度、服务器压力等情况进行监测，对于在平台上可能会出现服务器瘫痪的问题要及时解决，避免观众使用时产生网络拥堵的情况；要将代码以及平台所用到的数据库与服务器及时优化更新，改善平台的运行效果，使平台可以流畅地展示作品。技术监测及优化要有一定的机制和操作规程，设立监测与优化负责机制，就技术监测什么、谁来监测、怎么监测与技术优化作出安排。同时还要保证监测与优化的效果，需要对被监测对象和技术经受监测之后的结果再经过一轮测试把关。

c. 用户反馈与改进

收集和分析观众的反馈信息，了解观众的需求和意见，不断改进云展览的内容和服务，从而完善云展览的内容与服务。收集观众对于展览内容或服务等方面的意见与建议，如通过在线调查表、留言本、线上观众交流群等方式获取并总结观众反馈的相关数据，及时了解观众在参观过程中的所想所需，并不断根据这些反馈的信息改进云展览内容及后续的服务工作（如可以对展览版块内容、展出顺序做相应调整，将更多适合观众喜好的元素呈现出来）等，提升观众满意度，进而稳定观展群体。建立好用户意见征集和改进相关工作的机制和流程，具体包括意见征集的责任人员、渠道方式和处理方法等环节。要保证做好用户意见征集工作的效果，对改进后的内容进行再评估与测试等。

d. 安全防护与备份

加强云展览平台的安全防护和数据备份，保障数字化资源的安全。比如采取设置防火墙、安装入侵检测软件、对资料进行加密等安全防范风险措施，定期备份数字化信息，运用云端存储与本地存储等多种方式对数字化资源进行备份防止丢失，形成关于云展览的安全防护和备份工作：将防护和备份的责任者是谁、采取的安全措施是什么以及防护和备份周期等环节确定好，并且重视防护和备份质量效果，防护和备份以后平台与数据都通过了安全检查和测试。

4. 线上线下协同与互动

（1）线上与线下的内容协同

a. 内容共享与互补

线上云展览和线下展览，在内容上，一方面要能相互共享、互补；另一方面要建立共享、互补的机制和流程。线上云展览，可以让受众看到线下展览不能或难以展示的内容，如一些珍贵文物的高清特写、相关知识背景的详细阐释以及有关研究成果的分享等等；线下展览也可以让受众看到一些需要亲临现场感受的部分，如文物本身的质感、展厅的空间氛围、互动体验装置等等。例如，举办“中国古代陶瓷艺术展”，那么线上云展览就可以推出有关陶瓷制作的视频，介绍各个朝代以来的陶瓷演变历程、关于陶瓷文化的诸多历史故事等，而线下可以推出陶瓷实物展品、展厅设计布局、可参与的互动体验装置等。同时明确好线上与线下内容共享与互补的责任主体、内容范围、更新周期等内容，并且及时更新、对接顺畅。

b. 主题一致与差异化呈现

线上云展览与线下展览在主题上要保持一致，在呈现方式、侧重点等方面则要有所区别。线上云展览可以充分利用数字化技术及互联网的优势，采取更灵活多样的形式进行展示，利用虚拟现实、增强现实、多媒体互动等方式为观众带来身临其境的互动式观展体验；而线下展览则可侧重实物展出和现场氛围的打造，并突出展览的主题特色与文化特点。例如“中国历史文化名城展”，线上云展览展示名城历史兴替、文保遗迹、风俗人情等内容，采用虚拟重建、互动地图等形式予以展现；线下实体展览则可布置名城的实物展品、建筑模型、传统手工艺等，打造出浓厚的历史文化气息。同时要注意线上与线下主题一致、差异化呈现的协调和融合，设置好相关主题引导语、互动问答等环节，引导参观者由线上到线下或由线下到线上依次参观与体验。

c. 活动联动与资源共享

线上云展览与线下“实体展览”的活动、资源也要联动和共享。前者可举办一些线上活动，如线上讲座、直播讲解、互动问答等，可以吸引更多人关注并参与到线上展览中来，也可以对线下展览进行提前预热；后者可以举办一些线下活动，如导览讲解、文化体验、学术研讨等，让观展的形式更多样、体验更丰富，也可以带动线上云展览的开展，同时为线上云展览提供素材和资料。例如，举办“中国书法艺术展”，可以在线上云展览中举办书法知识竞赛，在线下“实体展览”中举办书法体验或书法创作展示；建立好线上与线下活动的联动与资源共享机制与流程，并理清其中联动的责任主体及资源类型等。

（2）线上与线下的观众互动

a. 观众信息互通与融合

线上云展览和线下实体展览需要做好观众信息互通融合工作。一方面，线上云展览能够通过观众注册登录、浏览互动等行为获取观众基本信息、兴趣爱好及行为数据等，作为线下实体展览的观众画像以及数据支撑；另一方面，线下实体展览可通过对观众购票入场、参观反馈等方式获取观众现场信息及观展反馈等数据，作为线上云展览的观众信息行为参考。如线上云展览可通过观众浏览数据、互动反馈等信息为线下实体展览推荐观众感兴趣的展览展品或展览活动；线下实体展览也可根据观众现场反馈建议等对线上云展览进行调整优化。同时还要做好线上与线下之间观众信息互通融合的相关机制流程建设，指定相应责任主体，确定信息互通范围及融合实施方式等。

b. 互动活动联动与参与

线上云展览与线下实物展品展览互动活动联动参与。线上云展览可以开展一些线上互动活动，如线上问答、线上投票、线上抽奖等线上互动活动，让观众线上参与互动；也可以给线下观众提供参展互动话题及参与形式。线下实物展品展览可以举办一些现场互动活动或观众体验活动，让观众线下参与互动活动等，也可以为线上云展览收集资料素材和提供活动意见。例如，举办“中国传统文化体验展”，线上展览就可以举办一场线上的传统知识竞赛游戏，并邀请广大观展者来线上参与答题互动活动；而线下展览也将会开辟一定面积的场地作为传统文化体验区，以便更多的游客能够前来线下参与剪纸、书画、茶艺等活动并留下意见反馈等。同时，还需要制定出相关线上和线下展览活动互动联动参与的相关机制流程以及确定好相关的责任方，保障线下线上活动互动有效进行。

c. 观众服务协同与优化

线上的云展览与线下的实际展览的观众服务进行协同和优化。线上的云展览可以提供一些线上的观众服务，比如线上导览、线上客服、线上预约等等；线下的实际展览也可以提供一些线下的观众服务，比如现场的导览、讲解、休息区设立、纪念品售卖等等，并且根据观众的需求或者观众反馈对观众服务进行相应协同和优化，从而提升观众的服务体验，培育观众的服务忠诚度。比如在实际展览中可以根据参观预约情况、参观反馈等情况向云展览提供观众流量预计及导览服务等方面的建议。云展览也可以通过收集分析线下观众的参观预约情况、参访意见等为线下展览提供观众服务以及互动活动的意见等等。同时还要建立好线上的观众服务与线下的观众服务协调配合的工作流程和制度，明确观众服务的内容责任主体、方式方法等等，使得线上的服务工作能够很好地衔接起线下的观众服务工作。

三、设计与制作

1. 视觉设计

（1）界面设计原则

a. 简洁性

界面设计要简洁明了，不能过于花哨而设置过多不必要的装饰和细节元素，导致观众无法快速获取信息和寻找所需内容。如清晰的字体、简洁的图标、恰当的布局与留白，强调重点及层次关系等。减少观众视觉压力以及认知负担，但是不要以简洁牺牲展览的信息量，并且建立界面简洁的标准制度，管理界面设计元素、构成布局及颜色等。

b. 一致性

页面的颜色、字体、图标、排版布局保持一致性，让观众看起来每个浏览的界面都是符合同一个项目风格的设计。例如，同一套颜色，可以是博物馆所用的品牌色或者是设计时根据主体选定的主题色；同一款字体大小以及不同情况下的使用范围，包括标题字、正文、按钮等处的文字呈现方式等。需要将一致性贯彻到整个界面设计当中去，在保证了整个界面对观者体验上的亲和力和专业性之后也要兼顾一定的创新，使画面不会变得过于僵硬与枯燥。并且制定出一套关于界面一致性的标准来把控界面的不同方面，把关质量。

c. 可读性

界面要注重可读性，文字要能看得出来、看得懂这是在看什么，让观众能够轻松阅读。例如字体上不用太小或者太细的字，字号用大一些的；行距和段距不要留得太紧也不要离得特别远，使用对比度比较大的颜色而不是很花哨的颜色等等，都是为了让界面的文字更加突出其可读性的一些处理方式。要注意的是上面说到的可读性和美观性融合在一起的同时也说明了二者结合的问题，在保证一定可读性的基础上也可以做一些美观的设计，不能说有了美观设计就不是用户界面设计了。还有就是要有一定的界面可读性的打造，将有关界面中可读性的文字、排版、颜色等方面的样式形成一定的标准进行管理和约束。

d. 美观性

界面设计要具有一定的美观度，用一些视觉元素、艺术形式等来增加画面的美感与吸引力，如搭配适合的颜色、图形、图案、纹理、构图等。常用的有冷色调或暖色调，在界面中使用不同的色彩构成，营造出一种温暖、清新的气氛，并且要有一定的视觉艺术效果；再者就是设计界面对应有自己的构图，让整个界面的组成部件之间相互形成一种协调统一的关系，整体看起来既美观又舒服；最后就是在美观的基础上兼具功能性表现，在重视美观的同时也不要忽略了功能性与实用性，在满足美的基础上也要保证界面的功能能够正常使用。还要确定美观的标准规范，在一个好的界面上针对色彩、图片、结构等方面确立标准，做出应有的管理。

（2）视觉元素设计

a. 颜色设计

颜色是视觉元素，不同的颜色会给人带来不同的感受。在云展览的颜色设计上，云展览要根据自己的主题和文化来选用对应的颜色，让观看展览的人们能够感受到不同色彩带来的感觉。例如，如果是关于传统文化的云展览，那么就可以用传统的红色、黄色、金色等来烘托庄严、喜庆、辉煌的氛围；如果是关于现代艺术的云展览，就可以运用蓝色、绿色、灰色等来打造简约、清新、时尚的感觉。并且要注意颜色的搭配和对比，不要使得颜色过于单调或杂乱无章，要让人觉得协调、美观。还要对云展览的颜色进行标准管理，树立相关的标准，严格把控好颜色的使用情况，规范颜色使用的范围，确定颜色的搭配和对比。

b. 字体设计

文字是传递知识、传达文化的媒介。在进行云展览字体设计时，要根据所要传达的信息来选择字体：如果是向游客传达历史文化等内容的文字介绍，则可以使用宋体等字体来体现庄重、典雅的文化气息；如果是在展项中表达当代艺术的部分，则可以用黑体、幼圆等富有时代感的字体突出表现力。云展览的文字字号要做到大小适宜，同时粗细、间距应把握好分寸，并设立相应的字体标准以及关于字体选用、样式等方面的规范和标准。

c. 图形与图案设计

图形和图案元素能够起到丰富视觉效果、增强表现力的作用，让云展览更有视觉冲击感和文化内涵。在云展览的图形和图案的设计上，可以根据云展览的主题和文化因素，在图形和图案中提取一些具有代表性并能代表某种事物或观念的图形，如做一个中国传统文化类的云展览，就可以设计成带有龙、凤、莲花、云纹等图案为元素的图形；自然类的云展览可以用山水、动植物、各种各样的自然景象为要素的图形等。并且要保证图案与图形的设计风格、色彩、大小等特点与整个界面设计保持一致。同时还要制定一套关于图形、图案的设计标准和规范要求，对图形、图案的创作、运用、改动等各个方面进行严格管理和把控。

d. 布局设计

布局是视觉设计中组织信息和元素的重要方式，在云展览的界面版面设计中，根据内容的逻辑顺序以及用户的浏览习惯安排好界面的布局。例如，采用网格式分布，以整齐划一的形式把内容排布成若干个模块；或者采用对称或不对称方式分布，结合展览的内容主题和自身定位营造静态或者动态效果；还可以采用引导式布置内容及互动元素，使用视觉上的指向工具如箭头、线条、色块等方式形成引导线来控制观众浏览视线。并且要保证其灵活性与可变通性，即随着展览内容更新的变化能灵活做出对应的选择和调整；同时需要设立严格的有关布局设计的标准，包括对结构、元素、空间等方面的控制和约束。

2. 交互设计

（1）交互原则

a. 直观性

交互设计要直观易懂，让观众一眼就能看懂并学会如何与云展览进行交互。如运用大家熟知的交互元素及图标（按钮、滑块、下拉菜单等），只需一看便知其用途和用法；在界面中给出下一步该如何操作的提示或引导，如文本、动画演示等。同时也要注意交互直观性和创新性的结合，在保持交互直观性的同时添加一些创新的交互方式及手段，增加交互的趣味性。除此之外，还要制定好关于交互直观性的标准和规范，对于互动元素造型、提示以及引导的设置方式等都要严格管理并加以控制。

b. 一致性

交互保持一致，让观众使用不同的功能和页面时能感受到相同的或者相似的交互。例如，在展示相近功能时使用相同的交互元素和交互方式；不同页面之间保持导航条、按钮、链接等交互的一致性，不要让用户在体验过程中感到生硬与不真实。在符合一致性的前提下也具有一定的灵活性，在保证一致性的基础上针对不同的页面或功能作出适当的改变和完善，最终达到更加符合实际用户的交互设计效果。对于页面及交互的一致性，需要确定一整套固定的交互标准和约束准则，并对所用到的交互元素、交互设计的逻辑、页面中各个层次之间的布局关系等方面进行一定的限制。

c. 可用性

交互要具备良好的可用性，让观众可以顺畅地进行交互操作，得到自身所需的信息和体验。例如，交互元素大小需足够大，使观众能够轻松点击；交互的回应要及时快速，不能有延迟；交互的过程尽量简化，去除多余的交互步骤，降低操作难度，帮助观众轻松实现交互。同时还要兼顾可用性和安全性的因素，在保证交互可操作性的前提下，提高交互过程中的一些安全性问题，比如对用户输入的内容严格检验，防止黑客恶意攻击或造成信息泄露；在确保信息安全的前提下收集用户的隐私信息等。除此之外，还要针对交互元素的可用性标准严格把关，控制管理好相关元素的大小、反应时间及操作流程等方面，提高观众交互体验时的可用性。

d. 容错性

交互要有容错能力，如果观众出了差错的话不能导致不可挽回的结果。例如，撤销与重做，让观众可以随时撤销错误操作然后重新来过；对于输入框来说要设置有效信息限制和提示，避免无效甚至错误的输入出现；对于可能出现交互情况时要做好错误提示以及解决问题措施等。在引导性和容错性方面为观众营造一个良好的体验环境。还有就是制定一个标准或制度，对如何做到容错的交互方式、提示用户不要出错等情况做出规定并把控。

（2）交互元素设计

a. 按钮设计

按钮是常见的交互元素，用于触发各种功能和操作。按钮需要考虑大小、形状、颜色、文字等的设计，并且要注意适合观众的视觉体验，让它们具有明显的特征和使用特点，符合审美标准。例如，按钮的大小要适中，这样观众容易点击；按钮的形状要考虑圆角和长方形这样的常用造型，不要过于夸张或不规则；按钮的颜色要鲜艳醒目的同时与整个画面搭配协调一致，这样才能使人们更愿意去观察并使用这种设计方式；并且需要注意按钮上的文字应该要清楚简明扼要地描述出当前操作按钮可以实现什么样的效果或结果。对于不同类型的不同按钮可以做出多种不同的风格和类型来体现，如浮动式按钮、图符按钮、文字按钮等。另外，还需要制定一个按钮方面的标准来控制管理各个元素之间的变化，以达到对所设元素的各种因素进行管理和约束的目的。

b. 导航设计

导航是帮助观众在云展览中浏览和定位的重要元素。在导航设计中，要按照展览的结构和内容来设置相应的导航栏、面包屑、目录等。导览要体现出展览的内容与功能，人们能够在导航上一眼就看出来能做些什么；面包屑能够显示出人们的浏览过程，当人们点开不同的按钮时，面包屑也要跟着改变显示路径，在任何时候都能够看到人们处于哪一个层面上，并告诉他们下一步可以干些什么；目录能够显示出全部的章节，便于人们深入学习研究。并且要把图形与文字相结合使用，用更多的色彩，更直观，也更容易理解。还有设计的标准，对导航的一些细节元素做出规定或者限定，在管理和把控之后才能进行制作并投入使用。

c. 表单设计

表单是观众输入信息和进行交互的重要方式。表单的布局、字段、提示、验证等都需要注意其合理性和用户体验。如表单的布局不要太复杂，不要有多余的字段和花里胡哨的排版；表单的字段尽量精简，不重要的字段删掉；表单的提示要通俗易懂，让人一看就能明白如何填写；表单的验证也要快速准确，避免观众误填无效的信息。另外，可以在不同的情况下制作出不同样式的表单，如登录表单、注册表单、反馈表单等。还要制定表单设计的标准并执行它，对表单中的一些布局、字段、提示、验证等方面的内容都能管理，并且能防止恶意的攻击。

d. 动画与过渡设计

动画和过渡效果可以增强交互的趣味性和引导性。动画和过渡效果要考虑到交互需求和界面设计风格，选择适合的动画种类、时长、速度等属性，比如淡入淡出、左右滑动、缩放大小等，在显示和隐藏的时候更有自然流畅的感觉。可以使用动画作为导视或过渡，指引人的眼睛看到该元素所在位置，把即将展示的内容进行平滑过渡处理，让画面切换不再生硬；还需要考虑动画和过渡设计度量化的把控和性能优化，在增加趣味性的前提下不要过度使用各种各样的动画效果来减少页面渲染时间，降低页面运行速度；还要制定好相关的标准和规则对动画设计中的动画类型、动画时长、动画的速度等属性进行严格的管理和控制。

3. 制作流程与质量控制

（1）制作流程

a. 需求分析与策划阶段

需求分析与策划阶段是整个制作流程的起点，其成功与否决定了整个项目的成败。这一阶段要分别跟博物馆的不同部门交流和讨论，如策展部、藏品管理部、教育部门、市场推广部门等等，获取云展览的目的要求、主题思路、受众人群、展示内容、互动方式等方面的全部需求，并召开多个研讨会和工作坊等方式征求各方面的意见和建议；还要了解市场上同类云展览的成功案例或者失败原因，做好相应的项目策划；确定项目的展览主题架构、内容大纲、技术选型和技术方案功能模块的划分，将整个制作过程的时间顺序排好，列出详细的预算单，以此来进行后续的制作工作。

b. 设计与开发阶段

设计与开发阶段是制作流程的核心环节，直接关系到云展览的最终呈现效果。设计团队要按照需求分析、策划环节确定的方案，进行界面设计、交互设计、视觉元素设计等，设计出符合项目定位和用户使用习惯的效果；界面设计要遵循简洁性、一致性、可读性和美观性的原则，保证观众能够顺利浏览操作系统；交互设计要遵循直观性、一致性、可用性和容错性的原则，让交互过程变得流畅自然；视觉元素设计要贴近云展览，在色彩、字体、图形、图案等方面的设计中营造展览气氛，增强观赏性。开发团队要把设计成果变成可以运行使用的实际产品，包括前端页面的设计实现、后端程序逻辑的实现、数据库的设计搭建、服务器的配置搭建等等。开发者应当分阶段分模块对整个项目进行迭代式开发，及时解决开发时出现的问题，确保项目按时完成。最后设计团队和开发团队多沟通合作，两者之间要相互配合，明确自己的分工，确保开发的产品满足设计师的需求。

c. 测试与调试阶段

测试与调试阶段是制作流程的关键环节，目的是发现并修复云展览系统中存在的各种问题，确保系统的稳定性和可靠性。成立专业的测试团队，制定相应的测试方案和编写相关的测试用例，在各个方面都进行全面的功能测试、性能测试、兼容性测试、用户体验测试以及安全测试等。功能测试主要确保每个功能都可以正常使用并且符合项目的要求；性能测试是检验在很多观众涌入的情况下能否快速响应并且保持稳定，随时进行优化；兼容性测试是看在不同的浏览器、操作系统以及手机等设备上能否顺畅运行；用户体验测试则站在观众的角度考虑系统的设计是否美观大方、互动程度如何，听取观众的意见再对系统进行修改；安全测试主要是检查是否有 SQL 注入、跨站脚本攻击等各种安全隐患。做好详细的相关记录和反馈，开发团队收到信息后再进行调整或者直接进行修复，等到修复之后还得重新再做一个测试，确定相关的问题已经解决。

d. 上线与运营阶段

上线与运营阶段是制作流程的收官环节，标志着云展览正式面向公众开放。第一，在系统准备完毕后做好上线工作——最后的数据确认、系统的全面检查、服务器设置、域名设置、备份与恢复的设置；然后在约定的时间节点按照既定方式将云展览系统正式投放到服务器上。第二，做好上线后的运维工作，关注系统的运营状态，处理相关问题并接受用户的反馈；同时做好运营管理的相关准备工作，包括建立运营管理团队，进行日常管理（内容管理、信息采集与处理、市场推广和用户数据分析），以增加云展览的知名度，招徕观众。

（2）质量控制

a. 标准化流程控制

针对整个制作流程的各个环节都要有标准的工作流程和质量把控机制，每项工作也要按照标准去做。比如在需求分析与策划环节：制定好需要使用的模板，确定需求分析的策划方案框架，让需求分析和策划工作的内容、步骤、输出结果等都明确下来；再设计相应的开发、设计方案，在这个过程中由专业设计人员严格按照设计规范来指导作业，设计出来之后交给开发人员按开发规范进行开发，所有的代码也需要遵守代码规范，保证系统设计出来的效果符合预期，产生的代码能上线运行；或者是整个测试过程里先制订一套完善的测试计划模板以及对用例进行规范化编撰并确立一系列的缺陷流转流程，在这个环节把测试做到位才能保障后续系统能够顺利上线；在产品上线以后还有对应的上线流程规范以及一系列完整的运营管理制度（含各部门职责）、监测指标体系等。同时要使用项目管理工具，比如甘特图、开发过程中用到的敏捷开发工具、开发结束后的 bug 跟踪系统等，这些都能更方便地追踪记录项目整体的进度情况并对其中的问题提早发现和提前处理，从而达到按时保质保量交付项目的目的。

b. 质量检查与评审

做好制作过程中每个重要节点的质量检查和评审工作，严格审核阶段性的工作成果；设计人员自检互检，检查设计稿的界面、视觉、交互等方面是否存在问题，确保最终作品正确美观；开发人员代码审核、代码测试，检查代码规范性、可读性等方面是否存在问题，尽早发现并修改开发过程中存在的问题与漏洞。项目团队定期召开评审会，多方共同参与成果评审并提出反馈建议，站在项目需求、用户体验、技术实现等角度综合多方面评估项目进展，尽早发现并消除各种问题隐患。

c. 用户测试与反馈

在云展览系统开发完成后，要邀请目的用户参与测试反馈工作，获得用户的真切感受与使用建议。云展览的用户测试可了解到用户对系统的使用情况、满意度和相关意见，在用户测试中发现系统在使用过程中的一些情况和不足之处，如界面操作不方便、功能设计不符合期待、内容不吸引人等，然后有针对性地改进和完善云展览的内容、功能、设计等方面，提高云展览的质量。建立用户反馈信息的收集、汇总、分析及处理机制，将用户的反馈意见及时传递给该项目的团队成员，使他们更好地改进完善本项目，使之符合用户需求。

d. 持续改进与优化

质量控制是一个动态的、持续的过程，要不断收集数据和反馈，进行分析和评估，发现潜在的问题和改进空间。建立不断改进的机制，对云展览定期进行改进升级，无论从内容、功能、界面、性能等方面都可以不断改善，以提升云展览的质量和服务水平；要时刻关注行业发展的状况和技术变化的趋势，尽可能早地运用新的理念、技术和运营方式，让云展览永远充满活力地发展下去，给用户提供美好、便捷和个性化的服务体验。

四、推广与运营

1. 推广策略与渠道

（1）推广策略

a. 品牌推广策略

对博物馆云展览来说，在数字化时代，树立一个有知名度和辨识度的品牌是非常必要的。打造知名品牌不仅可以提升人们心中对云展览的印象，还可以提升其文化市场竞争力。首先，要对所属博物馆品牌进行充分挖掘，提炼出品牌理念。如果馆藏都是历史文物，那么可以开展以“历史的见证者”为主题的一系列品牌推广活动；如果是宣传以现代艺术品为主的展馆，则可以强调其是“艺术的前沿阵地”等，并且围绕这一特点设计出一系列富有创意的品牌推广项目。一方面可寻求与其他具有一定影响力的文博单位或艺术团体、媒体等联合推广，利用其他品牌的影响力扩大自身品牌的影响力；另一方面也可考虑单独设立一个展位参加各类不同类型的文化博览会、艺术节等，直接与群众面对面交流，通过举办专题讲座等形式来宣传云展览，扩大自身的品牌影响力。此外，还可运用社交媒体、网络广告等各种数字手段展开推广工作。比如根据目标受众多方面的兴趣点制订推广计划，分析其通常会出现在哪些 APP 内、最常浏览什么类型的信息等，然后推送相关的内容，将品牌信息精准推送给感兴趣的目标观众群体。

b. 内容营销策略

优质的内容可以吸引更多观众参与到云展览当中，因此内容营销应该成为推广云展览的重要方式。一方面，要注重展览内容本身的深度和广度，确保所展示的文物、艺术品或文化主题具有足够的吸引力和教育意义。例如，举办一场历史文物展览时，可以挖掘文物更多的故事，讲述制作工艺、出土经过等，营造一个立体的古代世界；展出一幅现代艺术作品时，可以让艺术家现场创作演示或者做一场艺术知识讲座，帮助大家理解艺术作品的创意与特色等等。另一方面，则要为展览内容打造丰富的衍生内容，在相关平台上发布宣传视频或介绍文章，制作可传播性的小程序或小游戏，也可以通过这些多元化的衍生内容吸引更多的观众前来参观。同时，开展网上竞猜、话题讨论、创作征集等活动，激发群众的兴趣和灵感。

c. 用户推广策略

掌握目标用户的需求和偏好是精准推广的前提条件，通过对用户数据的收集与分析，绘制出用户的画像，包括年龄、性别、地区、文化程度、兴趣爱好、消费习惯等等。围绕这些不同的用户画像来制订相应的推广计划，云展览的信息与活动就可以针对性地推荐给相应的目标用户。针对年轻人可以在他们喜欢的平台——抖音、微博等 APP 上面发布短视频或图片；针对中老年人群可以采用开展社区活动或者老教授们去老年大学等线下方式进行宣传推广，也可以针对他们的参与行动以及评论等进行定向推送：比如对之前参观过的用户可以推荐参观过的云展览举办的文化讲座、艺术工作坊等并邀请其再次参与；对还没有参观过的用户可以对他们第一次参加云展览发送个性化的参观邀请。

d. 合作推广策略

在推广云展览的过程中，与云展览相关的机构合作，既可共享资源又可取长补短，共同提高云展览的知名度和传播面。云展览可以对接教育类机构或学校，博物馆与培训学校等开展相关合作，用云展览作为教育资源对外进行宣传，让学生群体了解云展览，可与学校组织一些活动，把云展览引入校园中。比如，举办云展览介绍讲座、在校园里开展云展览线上参观活动，传达云展览的主要内容和意义，引导他们多参加一些文化学习项目；博物馆还可以联合教育机构一起制定课程，与学校的教学课程融合起来，加强其文化的渗透性。也可和其他旅游机构进行密切合作，如与旅行社进行洽谈，推出文化旅游云展览。让游客除了到博物馆看实物外，还能在线上感受云展览，让大家在旅行过程中更加直观地学习到博物馆的文化知识。此外，云展览还可与媒体机构展开密切合作，通过电视、报纸等传统媒体和网络、社交媒体等多种类型的新媒体平台就云展览内容进行广告宣传，制作专题报道节目、访谈节目、广告片等进行播放。

（2）推广渠道

a. 社交媒体渠道

社交媒体已经成为人们获取信息和进行社交互动的重要平台，因此是推广云展览的重要渠道之一。博物馆可以在微博、微信、抖音、Facebook、Instagram 等国内外主要的社交媒体平台上更新云展览的最新动态、精彩内容、互动活动等内容，并号召大家多多转发。在微博上发布精美图片、短视频、有趣的故事，添加热门话题以及话题标签等；在微信公众号上发布详细的图文介绍文章或邀请相关专家撰写相关的解读文章，为观众带来更多文化知识；在抖音平台发布富有创意与趣味性的视频，在吸引观众眼球的同时进行有效的宣传。同时还要及时回复观众发布的评论和私信，积极回答他们的问题。此外，还可以举办一些线上互动活动，例如在社交媒体中举行抽奖活动、发起话题挑战或者针对用户进行创作征集活动来吸引更多观众参与进来。

b. 官方网站与 APP 渠道

博物馆的官方网站和移动应用（APP）是发布及推广云展览的重要窗口。在官网中开辟云展览专栏或页面，对云展览的内容进行介绍和宣传，包括展览名称、展览内容介绍、互动参与方式等，并提供参观入口链接，让观众可以由此进入云展览参观浏览；同时还可以发布有关云展览的一些新闻资讯、活动预告动态等，为前来参观的群众提供周到的文化信息服务。在 APP 中也要提供云展览的在线参观模式功能，并开发相关的特色功能栏目供观众使用，比如智能导览系统、个人推荐专题、互动游戏项目、社交分享平台等，让观众在手机端可以轻松简便、丰富多彩地参与到云展览中来；并且要及时更新维护好 APP 的相关内容功能，及时修复漏洞问题以确保APP使用体验的完美度。通过官网及APP大力推广云展览，增加云展览的点击量和用户黏性，让群众能够更方便快捷地享受到云展览。

c. 线下活动渠道

结合线下活动、展览进行云展览的推广，从而实现线上线下的呼应。一方面，在博物馆的线下展览现场，可以张贴云展览的宣传展板，并通过各类互动装置以及导览人员在观展过程中对观众的讲解，让观众参与到云展览当中。例如，在展厅摆放二维码牌，提示大家扫码可观看云展览；设置相关展区告诉大家有云展览，增加展览互动性和趣味性；增加一些互动体验区，如VR虚拟体验区、AR增强现实互动区等，让观众除了看到实物展览外，还能体验到云展览的高科技元素。另一方面，在博物馆举办的各类文化活动、教育活动以及旅游活动中进行云展览的推介。例如，在讲座类文化活动、手工艺制作艺术工作坊、社区文化活动以及旅游景点景区的文化展示、城市文化街区等相关活动中对云展览进行推介。这些都是线下活动渠道，“以点带面”，让更多的人接触到并了解这一新鲜事物——云展览。

d. 传统媒体渠道

尽管新媒体的兴起对传统媒体产生了一定的冲击，但传统媒体依然具有广泛的受众基础和较高的公信力。通过电视、广播、报纸、杂志等传统媒体渠道宣传报道并投放广告仍是可行的选择。在电视上可以上演广告片、拍摄专题、嘉宾访谈等，在电视台的强势栏目或者黄金时间进行播出。比如制作一部云展览的纪录片，在电视台的文化栏目播出，使观众了解到云展览背后的故事；也可以请博物馆的专家或策展人来参加电视访谈，讲述云展览的特点和亮点，并解答观众的疑惑。除了电视之外，广播中也可利用电台的文化节目、新闻栏目等，播放云展览的声音介绍和专家解读等内容。除此之外，还可以在报纸和杂志上刊载精美的图片、详细的介绍文字、专家点评等，为阅读者提供丰富的信息。

2. 观众运营与服务

（1）观众运营策略

a. 用户画像与数据分析

数字化时代，数据是了解观众、运营观众的依据。对观众数据进行收集分析，可以制作出完整的用户画像，研究观众的基本情况、兴趣爱好、行动路线等。这些数据既可以从观众在云展览平台的数据获取，也可以通过问卷或访谈的方式主动收集。根据用户画像与数据分析，策划针对不同用户的个性化运营方式，为不同的观众群体提供差异化服务。例如，如果观众属于喜欢历史文物的类型，就可以向其推荐古代文明展中的文物修复技艺等内容；如果是喜爱现代艺术的观众，就可以向他们介绍相应的当代艺术家的艺术作品与艺术思想等。另外，还可以通过查看观众行为数据来判断他们的参加次数、停留时长、参与程度等指标，以此观察观众是否忠诚、是否活跃，并有针对性地开展运营活动。

b. 会员制度与积分体系

建立会员制度和积分体系是增强观众黏性和忠诚度的有效手段。观众可以通过注册成为博物馆云展览的会员，从而享受一系列会员专属特权与服务，包括免费或优惠参观云展览的收费项目、参加云展览会员专享文化活动、获取限量版文创产品等；同时通过设定积分机制激励观众积极投身于云展览的各类互动活动中，鼓励他们在消费、云展览社交平台进行分享传播时可以获得一定的积分作为奖励，并可使用积分兑换礼品、购买优惠券、提升会员等级等。这种方式可以激发观众的参与热情，并让他们在参与各种互动活动中能收获一定的回报，从而增加他们对云展览的忠诚度和黏性。

c. 社群运营与互动

建立观众社群，促进观众之间的交流互动。利用微信群、QQ 群、论坛、社媒社群等搭建观众交流平台，在社群内发布云展览的相关信息、精彩内容、互动活动等，吸引更多观众走进来；组织各类社群活动调动观众的积极性，如线上交流探讨、有趣的资讯分享、面向社群的创意创作活动等，让更多的观众参与进来，并及时回复观众在群内的留言及反馈。同时也可以邀请博物馆的相关专家、策展人、艺术家等参与社群中，与粉丝进行面对面的交流与沟通，耐心回答参观者提出的问题，将自己的专业知识和对该门类藏品的理解、对艺术作品的感受等传递给观众。通过社群的经营，可以营造良好的观展社区氛围，促进彼此间的文化交流。

d. 个性化推荐与定制服务

对观众感兴趣的内容进行个性化推荐，提供符合其兴趣偏好的相关服务。使用人工智能算法和大数据分析，针对观众的浏览记录、互动内容、收藏信息等，向观众主动推送其感兴趣的展览信息、文物信息以及文化活动等。比如，观众在阅览古代陶瓷展之后，为观众推送其他关联展览、文物修复过程、关于陶瓷的文化讲座等，并提供定制化的导览线路、语音讲解、学习资料等内容，使观众能够按需选择自己感兴趣且有时间余力的部分自行游览，感受云展览的特色优势，提升观众体验满意度，增加云展览文化的市场竞争力。

（2）观众服务内容

a. 导览服务

为观众提供专业的导览服务，是帮助观众更好地了解和欣赏云展览的重要手段。可以考虑设置在线的导览员，通过视频直播的方式向观看展览的人们讲解正在展出的展品文物、艺术品背后的含义，也可以采用语音加文字的形式，随时为人们解答关于云展览的疑问。开发在线的智能导览功能，分析来访者的地理位置、兴趣和历史浏览记录等信息，为他们规划最优质的游览路线。开发智能地图导航模式，在进入云展览界面时呈现给受众一份观展指南，根据提供的路线或自己设定好的路线带领大家参观本次的展览，并能在展览区域的地图上显示出目前所在的位置。除此之外，还可以设计出版展览导游图，包括展会介绍、展览分布、作品位置及相关提示等模块，方便观众寻找定位，提升在展馆内的体验感。

b. 互动体验服务

提供丰富多样的互动体验服务，可以让观众有更多参与感和感受力，在互动中学习、感悟文化。可以设置一些游戏项目让观众游玩，如寻宝游戏、知文晓物知识问答游戏、艺术创作涂鸦模拟游戏等。可以让观众在玩耍中获取相关文化知识，提升自身的文化素质。也可以设置一个虚拟实验的功能，让观众能够动手去体验相关的修复实验、考古发掘以及各种科学实验的过程，并了解其背后隐藏的相关知识。还可以增加一些互动装置或是设置一定的体验区域，比如触控互动、VR 体验、AR 相机识别互动等，让观众身临其境地感受展览内容，使他们不再是置身事外的观望者，而成为真正的参与者和感受者，在互动的过程中得到更加深切的体验和感悟。

c. 教育资源服务

博物馆是文化教育的场所，云展览也应起到教育资源服务的作用，可以举办讲座、课堂、工作坊等，由专家、学者、艺术家、教育工作者等进行相关讲解及教学工作，给予人们相应的知识技能等文化成果；这些资源可以是对历史的知识科普，可以是对艺术的分析解读，也可以是对专业的学术研究。可以提供相关的学习资料，如电子书籍、期刊论文、学习手册、在线测验等，供来往群众使用或借阅；也可结合年龄学历兴趣等因素，提供不同的学习方法和发展计划，并且对不同群体提供相应的学习课程，通过良好的学习计划和适当的课业安排提高大家的文化程度和学习能力。

d. 观众反馈与投诉处理服务

良好的观众反馈和投诉处理机制能够促进观众满意度的提升以及服务质量和水平的改进。需建立多样化的观众反馈渠道，包括留言本、电子邮件、电话及社交软件等，并配备相应的客服人员接收观众随时提出的各种意见和建议、投诉；同时对于观众的意见和建议要进行认真分析研究，及时采纳合理建议并及时采取有效措施对云展览的相关内容和服务进行改进，确保其更加符合观众需求；针对观众的投诉问题，要及时了解清楚情况并迅速采取有效的办法加以解决，同时将结果及时告知提出投诉的观众，保障他们的正当权益不受侵犯。定期对观众的相关数据进行统计和分析，发现观众的实际需求和期待、云展览本身存在的问题与不足，为进一步发展与完善做好准备。由此能够树立良好的信任感并进一步巩固双方的关系，进而培养忠诚的观众群体。

3. 商业模式与盈利途径

（1）门票销售模式

a. 线上门票销售

通过云展览平台，观众可以方便地预订和购买展览门票，享受便捷的购票服务。在设置门票销售线上购票口时，要详细列出展览的相关内容，包括主题、举办时间与地点、展览品情况说明及观众参观注意事项等，并为参展群众了解展览信息做好相关工作。微信、支付宝、信用卡等多种方式支付购展款的同时保证安全便捷。推出一些优惠政策活动，如早鸟票、团体制票价优惠券以及家庭套票等各种各样的形式吸引大众的买票兴趣。对预热较久的提前购票者可以有相应的打折优惠待遇。团体制价是对于想组织团队观看展览的人群给出的优惠票价，鼓励他们组织校集体以及企业单位和小区一同出行参观；同时也可以推出家庭观展的成人加孩子的家庭套票，满足家庭成员共同观看展览的需求。

b. 门票优惠与套餐

除了最基本的门票售卖之外，还可以开发各种各样的门票优惠套餐或者门票组合套餐来增加观众的购买率。例如，可以设置学生证老人证残疾人证等各类特定对象购票优惠政策门票、发售云展览与博物馆线下面试门票组成套系票或与线下博物馆实体展厅共同组成的联票、发行年卡季卡等长期使用门票，甚至可以与一些周边的旅游景点或当地酒店餐厅等组成文化旅游套餐产品，通过打包的形式出售给消费者（云展览门票 + 旅游观光游玩住宿），既丰富了人们的文化旅游消费，又为云展览的到来贡献了自己的力量。

（2）广告与赞助模式

a. 品牌广告合作

当云展览的影响力越来越大，云展览平台的广告效应也逐渐凸显出来。可与各类品牌企业合作，在云展览首页、展览页面、互动区域等不同位置设置不同的广告横幅显示位置、弹窗广告显示位置、视频广告显示位置等给品牌企业提供广告宣传的空间，根据其本身的不同特性提供适合他们的一系列不同形式的广告发布服务，提高品牌的到达率和到达度。例如，对书展的文化品牌——出版图书机构、文博文创机构、艺术培训机构等在相应的展览页面上进行精准发布；针对旅游的品牌公司——旅行社、酒店、景区等在云展览的旅游文化板块上进行发布等。还可以联手品牌企业举办各类联合活动，如品牌专题性展览、品牌文化传播等活动，将品牌因素融入整个云展览，通过该活动载体来链接双方利益点，增加品牌与观展人的关联性，扩大品牌的影响力，为云展览带来一定的关注度和流量。

b. 赞助合作模式

鼓励更多企业、机构或者个人参与到对云展览的制作运营、推广等方面的赞助当中。为参加赞助的企业、机构或者个人在云展览平台上提供一定的赞助回报，在云展览页面展示赞助商的相关信息，在对云展览进行宣传时提到其名称等，让赞助者具有一定的曝光度和影响力，并且可以就不同的赞助资金、数量等方面设置不同的权利相匹配，让赞助者感到满意。相关的科研类组织机构可以在技术、专家方面给予帮助等等。云展览采用这种模式既可以协助云展览发展获得资金与资源上的支持，又可以使其得到社会各界各阶层的帮助，达到互利互惠，共同促进文化事业发展的目的。

（3）衍生品销售模式

a. 文创产品销售

文创产品销售是云展览盈利的重要补充。基于云展览的文化属性和展览内容，制作一系列具有创意性、富含文化底蕴的文创产品，在云展览平台进行售卖。如以文物或艺术品为原型设计的相关纪念品、艺术品、生活用品、学习用具等；或者将展览中的某件文物、艺术品甚至文化符号元素进一步地加以创意化，变成实用与美观兼备的艺术品或产品。例如，以古代文物为原型设计出的摆件、首饰、文具等，或将现当代艺术作品原作作为蓝本创作而成的服装、家居、装饰类物品等。除此之外，还可以和其他文创企业及设计师们进行合作，丰富文创产品的种类。最后，在云展览中设立专属的文创产品售卖区，给予人们更好的购物体验，通过美轮美奂的图片展示和精简有力的产品介绍吸引更多的观众前来购买自己心仪已久的文创产品。同时也可以举办各种各样的文创促销活动，如限时打折、满就送、买一赠一等活动，激发受众的购买欲望。通过售卖文创产品既能获得一定的利润又能起到推广宣传博物馆的作用。

b. 数字产品销售

数字产品销售是云展览适应数字化发展趋势的盈利新途径。随着数字技术发展及人们消费习惯的改变，数字产品的市场空间越来越大。可以把云展览中的文化内容进行数字化处理，加工制作成各种各样的数字藏品、数字艺术品、数字音视频等，并在网上出售这些数字产品。例如，可以将展厅中精美的文物艺术品进行高精度的数字化扫描、立体建模，形成一个数字艺术藏品，参观者可以通过购买的方式获得这个藏品的所有权和收藏权；可以把博物馆展出的相关讲解音频、纪录片视频、艺术作品创作过程视频等内容制成相关数字音视频产品在网上播放，让观众能够了解展品背后的文化故事和历史背景信息，同时还可以通过区块链为这些数字产品附加版权认证标识，使它们具有不可复制的独特性和唯一性，从而增加其价值与收藏属性，由此也可以拓展云展览的营收空间。

（4）会员服务模式

a. 会员增值服务

会员增值服务可以增加观众成为会员的动机和留存意愿，提高会员的忠诚度，是增加收入的重要方式之一。为会员提供更多的会员专属活动、定制服务、优先权利等，可以使会员在专属活动中感受更多专属特权与获得感，吸引更多的观众成为会员。例如，享受专家讲座、艺术工作坊、文物鉴赏会等专属文化活动，体会更为专业与特别的文化服务；享受专属定制化导览路线讲解、专题学习资料等深度服务，获得更具针对性的文化体验；享受参观预约购票、参加活动优先入场等便利服务权益，避免想看不能看、想参与不能参与的烦恼，感受到云展览提供的更好待遇。还可以根据会员等级不同给予不同的专属权益和服务，高等级会员可享受更多的专属活动邀请、更便宜的票务价格、更多的文创产品赠送等多种福利和奖励，激励会员向上提升自己的会员等级，加大对其的投入程度。

b. 会员收费模式

对于不同等级、不同权益的会员设置合理的标准，可以保证云展览的持续收入。比如区分普通会员、高级会员、VIP 会员等，在享受一般会员的各种特权基础上（参观某些免费展览，参加一些基础级别的会员活动等），还可以享受更加优厚的待遇，收费自然也就高一些。也可以从观众或者会员的购买、参与程度、贡献度等方面来设定会员等级以及不同的权益，既可以做等级上的调整，也可以对权益做出不同的处理。此外，还可以推出相关会员年费优惠、对会员好友的奖励等措施，促使观众变为会员并拉朋友一同加入进来，从而扩大群体和经营版图，不仅在一定程度上增加云展览的收入，而且还可以凭借其长期的支持和维护实现更好的发展。

第四章　博物馆云展览的现状与问题

一、博物馆云展览的现状

1. 博物馆数量与基础设施建设跨越式发展

2023 年末，全国备案博物馆总数达 7046 家（不包括港澳台地区），与 2022 年相比，保持稳定增长的态势。其中国有博物馆 4194 家，占 61.4%，包含文物行政部门所属的博物馆 3252 家以及行业性国有博物馆 942 家；非国有博物馆 1989 家，占 29.1%，形成多元化办馆格局。重点项目建设上实现突破，中国国家版本馆、三星堆博物馆新馆等一批国宝级文化场馆相继建成，殷墟博物馆新馆、浙江省博物馆之江新馆等区域文化高地拔地而起，形成全国一盘棋的布局态势[1]。特别是市县级博物馆建设取得亮眼成绩：延安博物馆、青州博物馆新馆等基层博物馆改造扩建，使得全国县级博物馆覆盖率超过 80%，北京、天津等地区实现区县博物馆全覆盖。从人口密度来看，平均每 20.63 万人就拥有一座博物馆，相对 2022 年的 21.47 万人 / 馆有了优化提升。在硬件设施方面，我国博物馆建筑总面积突破 4272.97 万平方米，增加 573.32 万平方米，涨幅达 15.5%，提供更为优渥的藏品保护和展览展示空间。

从业人员素质不断提升，截至 2023 年底全系统人员总数 16.69 万人，比上年净增 1.78 万人；专业技术人员占比为 32.4%，达到 5.41 万人，具体包括文保工作、策展研究、教育推广等领域。志愿者数量显著增加，累计注册志愿者总量突破 31.4 万人大关，其中广东、山东等 14 个省市形成万人规模的服务团队，组建起“专兼结合、一主多元”的博物馆“人才方阵”。不仅如此，得益于 2023 年迎峰转流工作的推进以及相关展览的品牌塑造，全国各博物馆观众接待人次高达 12.92 亿人次，激增 123.52%[2]。

2. 文化供给能力实现多维突破

藏品管理方面，全国博物馆藏品总量达到 6333 万件（套），形成全球最大的可移动文物资源库。2023 年共推出陈列展览 4.24

[1] 国家文物局 2024-05-21：http://www.ncha.gov.cn/art/2024/5/21/art_1025_188963.html

[2] 澎湃新闻 2024-05-18：https://baijiahao.baidu.com/s?id=1799359643434910675&wfr=spider&for=pc

万个，较疫情前增长 28.6%，其中“何以中国”“新时代考古成果展”等主题展览占比 37%，彰显文化传承主线。线下教育活动创 38.22 万场新高，形成“展览 + 研学 + 体验”的立体传播模式。文创开发进入提质增效阶段，年度推出产品超 6 万种，销售收入突破 20 亿元，故宫文创、敦煌研究院等头部 IP 市场表现强劲，同时带动中小博物馆开发地域特色产品，形成差异化竞争格局。

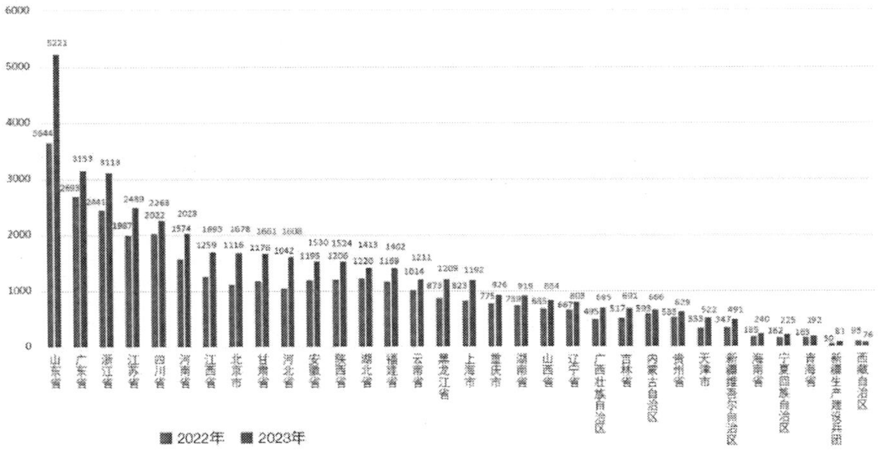

2022—2023 年全国博物馆陈列展览总数省份分布（单位：个）
[来源：国家文物局出版中国博物馆事业发展报告（2022—2023）]

数字技术深度赋能传统展览，“博物馆里过大年”等品牌活动创新传统文化表达方式。北京、上海等 20 余省市联动千家博物馆打造春节特展，运用 AR 红包、数字祈福等新技术，使传统节庆参观量同比提升 210%。夜游经济成为新增长点，秦始皇帝陵博物院、南京博物院等推出的沉浸式夜游项目，通过光影科技再现历史场景，单项目最高吸引夜间客流 15 万人次，开辟博物馆服务“第二时空”。

3. 数字化建设进入高质量发展阶段

云展览成为常态服务，2023 年全国增加数字展览 6200 个，总量达 1.8 万个，增长 42%；浏览量达 67.3 亿人次，提高 58%，形成线上线下双轨服务。新技术广泛应用，8K 超高清、区块链存证、AI 复原等普遍应用，三星堆“古蜀文明数字再现工程”实现文物全周期数字化管理，日均访问量突破 300 万人次。上海博物馆“青铜器纹饰互动解码”项目运用手势识别得到业内和公众的广泛好评，荣获全球数字化创新 TOP10 案例，标志着我国博物馆数字交互技术跻身世界先进行列。开放共享迈出实质性步伐，全国文物数字化资源超过 2300 万件 / 套，敦煌研究院“数字藏经洞”利用高精度三维建模，半年时间来自 89 个国家的用户创建了 1200 万份数字档案，这种开放的生态创造出新的文化消费——腾讯、字节跳动等科技企业加大投入深度介入数字文保，形成“技术 + 内容 + 平台”的产业格局。数字孪生拓展到更广的应用范围，展陈空间、文物信息、观众行为等都被囊括其中。

4. 公共服务体系普惠化升级

免费开放力度持续加大，6248 家博物馆实现零门槛参观（占 91.4%）；特殊场馆依托文保单位创新推出分时段预约、动态票价等弹性举措，故宫淡季门票预约量放宽 50%，确保文物安全的同时兼顾公众可及性[1]。适老化改造取得新进展，83% 的一级馆配备无障碍设施，增设多语种讲解设备 1.2 台套，外籍观众接待人次达到 2019 年的 168%；针对“博物馆热”引发的新问题，国家文物局启动实时监测系统建设，96 家一级馆能够实现客流预警，结合延时开放、分时预约等多种方式，将高峰时刻参观感受度提升 40%；行业治理现代化程度持续提高，到 2023 年将上线建立全国统一的数据报送平台，运营数据可以实时归集分析[2]。与公安部开展“净票行动”，查处倒票案件 2400 余起，助力维护良好参观秩序；信息公开制度全面落实，85% 的博物馆会发布运营报告，中国国家博物馆年报公开披露了文物修复成功率、观众满意度等多项指标信息，为全行业树立透明化运营样本。

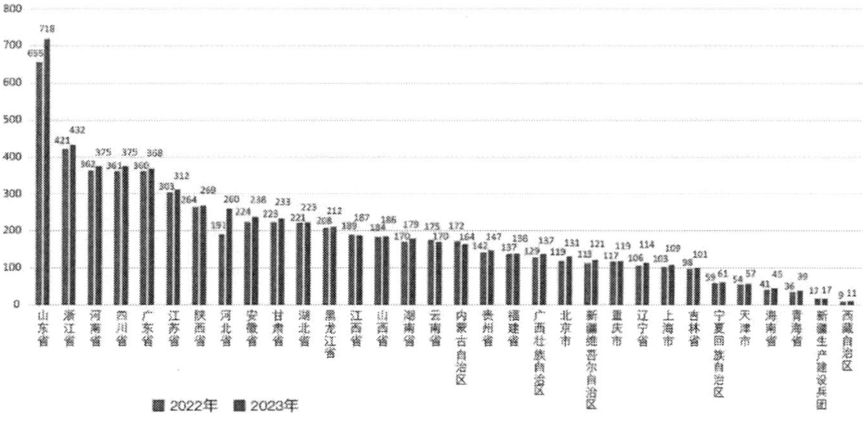

2022—2023 年全国博物馆免费开放分省情况（单位：家）
[来源：国家文物局出版中国博物馆事业发展报告（2022—2023）]

[1] 新华网 2025-04-15：http://www.news.cn/20250415/e457aa99827f4458b581b972263abce9/c.html

[2] 国家文物局出版中国博物馆事业发展报告（2022-2023）

5. 传播效能与社会影响力持续扩大

全媒体传播矩阵基本形成，2023 年博物馆网站浏览量达 19.98 亿次，新媒体访问量突破 248.52 亿次，短视频平台内容播放量超千亿。国际博物馆日创出新的纪录，“博物馆之夜”VR 直播覆盖 162 国，“线上展览 + 线下体验”模式在郑州文博会吸引了 10 万线下观众并带来裂变效应。学术建设方面，中国博物馆学大会发布行业标准 27 项，粤港澳大湾区博物馆发展论坛签约跨境项目 18 个。融合发展方面，“数字故宫”全球粉丝数量达到 8000 多万，敦煌研究院新媒体矩阵年度总量达到 43 亿次。跨界联名成为文博新模式，“考古盲盒”一年销售额破亿，苏州博物馆与手游《江南百景图》带来品牌曝光 3000 万，在抖音、B 站等平台的文化类占比从 12% 上升到 29%，占领了青年文化的新高地。

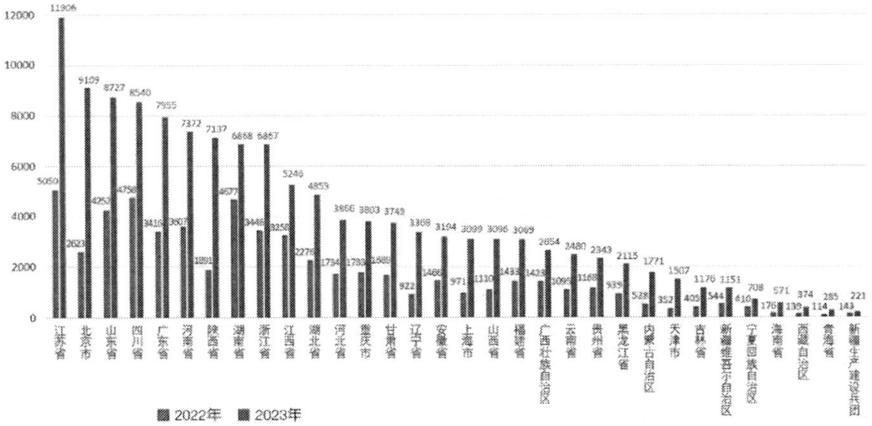

2022—2023 年全国博物馆观众总数（单位：万人次）

[来源：国家文物局出版中国博物馆事业发展报告（2022—2023）]

6. 国际交流构建文明互鉴新格局

国际合作呈现双向深化特征，2022—2023 年实施跨国项目 800 余项，较疫前增加 65%。文物出入境展览达 580 馆次，出境展馆数达 30 余国 309 馆次，大英博物馆秦汉文明单展达 82 万人次，成文代外新名片[1]。人才海外培养取得突破，故宫博物院和 ICCROM 联合培训 132 名文物修复师，并有中国专家担任国际博协执委等要职。数字技术促进交流范式创新，“数字敦煌”向全球共享的 6.2 万余件数字资源通过网络走向世界，大都会艺术博物馆等 36 家机构加入文博云平台。在“一带一路”背景下开展联合考古工作 47 个，乌兹别克斯坦明铁佩古城等中外合作项目入选世界

[1] 国家文物局出版中国博物馆事业发展报告（2022-2023）

考古十大发现，实证了中华文明的世界贡献度。这种全面交往态势提升了我国在包括制定国际标准、保护实践在内的多个领域中的发言权，占比由 15% 提升到 34%，有效增强了我国的文化软实力。

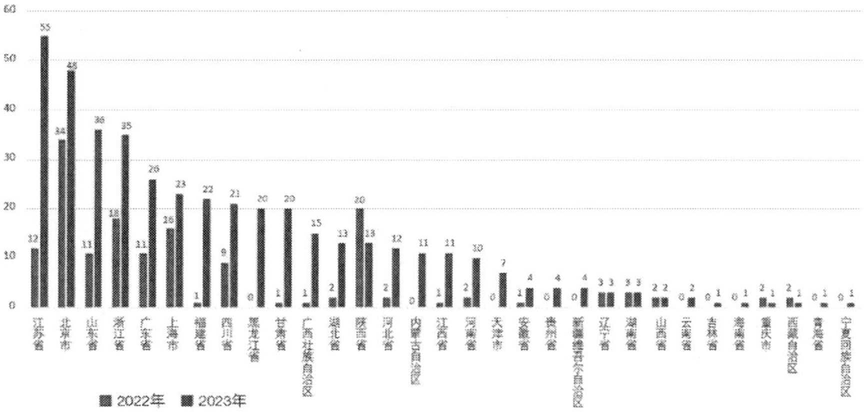

2022—2023 年全国博物馆进出境展览总数省份分布（单位：馆次）
［来源：国家文物局出版中国博物馆事业发展报告（2022—2023）］

7. 可持续发展机制逐步完善

自身造血功能明显提升。除文创销售外，知识付费也迅猛发展。国博线上课开挂式增长，订阅量达 120 万人次以上，形成亿级知识服务市场。公众社会力量积极性提高，企业冠名展览占比从 5% 升至 12%，蚁世等科技公司投入 3.2 亿元助力数字文保。培养方面立体化建设。42 所高校设立文博数字技术专业，每年输送复合型人才上万人。故宫学院进行 VR 策展师等认证。绿色运营成常态，86% 博物馆开展 LED 照明节能改造，上博东馆发电系统年减排二氧化碳 420 吨，陕历博等场馆试水智慧能源管理，这种可持续发展的模式使得博物馆单位面积能耗较去年下降了 18%，有助于长效性发展。

二、博物馆云展览存在的问题和挑战

尽管博物馆云展览在近几年经历了高速发展、蓬勃兴盛的阶段，但在迅猛发展的应用热潮中也难免产生很多深层次的问题和矛盾，制约其进一步发展。

1. 技术层面的问题

（1）技术成本与资源投入的不均衡

博物馆云展览的制作与运营需要大量的资金和技术设备支持。从硬件设备上来说，比如服务器、存储设备、高性能电脑、VR/AR 设备等的购买与维护成本都比较高，一部不错的 VR 服务器动辄就是几万、十几二十几万元不等，并且使用时间短寿命有限，基本上每 3—5 年就需要更换更新一次，对于一些中小博物馆来说这样的一笔钱真的是天文数字。软件方面，专业软件的购买和升级费用同样不容小觑，如 3D 建模软件、虚拟现实开发平台、内容管理系统等，这些软件的授权费用较高，且每年还需要支付一定的升级费用以获取最新的功能和安全补丁。此外，还需要配备培训和支持等。技术人才的短缺进一步加剧了这一问题。数字化展览的策划者、设计开发者及运营维护者，既要具备相应的文化遗产知识，也要掌握相应的先进数字技术。但博物馆目前面临着巨大的人才争夺难题，由于待遇偏低，并不具备与其他企业争夺高薪科技人员的实力。此外，博物馆对于培训新进员工或对内部老员工提供专业技能学习投入不足，人才梯队无法保证。

（2）技术更新换代与兼容性问题

数字技术的发展日新月异，博物馆云展览需要不断跟进技术潮流。然而，技术的快速更新换代给博物馆带来了巨大的压力。一方面，博物馆需要及时更新换代设施设备来迎合用户的最新需求。例如，随着 5G 技术的普及，观众对高清、流畅的视频体验有了更高的要求，博物馆需要对现有的网络基础设施和展示平台进行升级，以支持 5G 环境下的内容传输和展示。另一方面，新技术的应用往往伴随着兼容性问题。不同的设备、浏览器、操作系统对新技术的支持程度不同，可能导致云展览在部分用户终端上出现显示异常、功能失效等问题。

（3）信息安全与隐私保护的隐患

随着云展览的逐渐深入，云展览的信息安全和隐私安全也开始被重视起来。博物馆在云展览的过程中积累了很多观众信息、文物高清图及三维数据等各类数字化信息等，这些都十分珍贵且具有一定的价值，也容易发生泄露等问题，有可能造成博物馆和观众的权益受损或被侵犯。德国柏林自然历史博物馆就因遭遇来自俄罗斯的黑客组织勒索软件攻击而使整个系统全面崩溃，研究员无法打开数据界面，还被黑客盗走了包括观众在内的各种资料信息和个人敏感数据。

2. 内容层面的问题

（1）内容同质化与创新不足

云展览的发展也催生了博物馆展览内容的同质化现象。有些博物馆在展览布置方面缺少深思熟虑，展出的内容没有新意，导致各个博物馆所推出的云展览出现雷同的现象。一些历史文化类的云展览，很多博物馆都会展出相同或者常见的文物，如青铜器、陶瓷、书画等，用比较固定的展示方式向游客传达出比较单一的信息：以文字图片加上简单的虚景来展示。这样的重复雷同的展览内容，让游客对不同博物馆推出的云展览失去了兴趣，产生审美疲劳感。这些博物馆之所以会出现此类现象，是因为缺乏创新精神。表现在举办云展览时依旧套用往日的展览模式，没有考虑到数字化的优势并进行灵活运用，在展现现代艺术作品上也只是简单地照搬原线下展览的方式。

（2）内容质量参差不齐

博物馆云展览的内容质量存在较大差异。有些博物馆的云展览因数字化资源建设水平不高而使展览内容较为单一。例如，一些小型博物馆因为经费有限且人员不足，提供的文物图片数量较少，文字介绍非常简单，没有详细介绍文物背后的历史、加工制作工艺以及相关文化知识，观众无法充分了解展览所展示的物品；也有一些博物馆缺乏专业的编辑队伍和审核团队进行把关，在展览内容制作的过程中出现了不少错误或容易引起误解的地方。如有的文物名称与实际不符、出现常识性的表述错误，导致展览的文字、图片等资料存在年代不对、历史事件描述不正确等情况。

（3）内容更新与维护不及时

云展览的内容更新与维护有利于保持博物馆的活力和生命力，但是许多博物馆在此方面还缺乏力度。有的博物馆云展览上线后无人问津，不去安排专人负责云展览的内容更新维护工作，从而使得其长期静止不变；有的博物馆对内容问题的反馈不及时，在观众提出意见后仍然得不到改善和优化，这样容易让在参观过程中遇到问题的观众觉得扫兴，不利于观众忠诚度的提升。

3. 运营层面的问题

（1）资金来源单一与可持续性不足

目前，博物馆云展览的资金来源渠道主要包括政府资金拨款与补贴。就目前环境而言，对于级别上属于国家级、规模较大的博物馆来说，云展览的年预算有 70%—80% 是政府资金拨款；社会及市场占比不足 30%，呈现弱平衡状态。云展览项目的单一资金结构存在问题：其一，云展览是发展快速的项目类型之一，但是该类项目从立项到申请拨款再到实施的过程往往十分漫长，并不符合“快节奏”。其二，过于依靠来自政府的经费支持，在政策收缩或减少文化事业投入的时候就会出现困境，让这个项目出现困顿期。

市场运营能力不足是导致资金来源单一的重要原因。许多博物馆对云展览的商业化运营欠缺经验，没有专门的团队进行市场运作以及盈利模式探索。比如有的博物馆尝试性地使用门票售卖、平台广告植入的方式筹措相关资金，但是缺少宣传的能力，所以博物馆的票额销量有限；缺乏推广品牌意识，博物馆缺少魅力，让相关企业感觉没有吸引力，并非合适的企业。在合作的企业类型上以本地的文化公司为主，与其他基金会、企业的关系较为薄弱且不深入。这说明很多博物馆未能深度挖掘社会组织的力量来为云展览发展提供相应的资金支持。

（2）观众运营能力不足

部分博物馆在观众运营方面存在不足，缺乏对观众数据的深度挖掘和分析，无法精准把握观众需求。例如，一些博物馆积累了庞大的观众浏览数据、互动数据等，但由于缺乏相关数据分析工具和人才，无法对数据进行有效的整理与分析，不知道观众喜欢什么、不喜欢什么、有哪些习惯，导致博物馆提供的展览内容、宣传推广等都难以贴近观众的真实需求。此外，没有完善有效的观众互动及反馈机制，博物馆与观众的交流渠道不畅，观众的声音无法传达给博物馆，而博物馆也无从了解并及时解决观众提出的问题；观众的参与感受难以得到及时反馈，影响其进一步参观或互动的积极性。部分博物馆缺少会员意识与用户黏性建设，其会员体系不健全，会员权利模糊、吸引力不够，如一些博物馆会员除了能够免费进馆参观几次外，很难享受到其他额外的服务或活动，因此博物馆往往没有相应的会员概念和用户思维来进行相关的营销和维护工作。

（3）品牌建设与市场推广薄弱

许多博物馆的云展览在品牌建设方面意识淡薄，缺乏自身独特的品牌形象。一些博物馆云展览的视觉效果、内容呈现风格、宣传口号等在视觉和心理上没有形成统一的品牌形象，观众很难对某个博物馆云展览有较为深刻的第一印象。

市场推广渠道有限且推广力度不足也是品牌建设中的一个问题。大多数博物馆只是通过官网、社交媒体平台来推广，缺少与主流媒体的合作以及与网络大 V、文化 KOL 等新媒体运营者的链接，市场推广的覆盖面窄。很多有价值的云展览也并没有得到其他方面的报道和关注，在博物馆自身的官方平台之外，并未延伸到更多领域和更大范围内的影响人群，甚至一些重量级的文化博物馆云展览都未被主流媒体所关注。其次，博物馆本身也没有相应的关于这类云展览的推广策略和营销创意，因此很难引起目标观众的关注。

4. 社会认知与参与度的问题

（1）公众认知不足与参与度不高

尽管云展览已经取得了显著的发展，但仍有相当一部分公众对其了解有限，参与度不高。根据调查，约 40% 的被调查者没有听说过云展览，且老人、低学历人群认知更低。比如一些三四线城市、农村地区受当地网络设施条件落后、数字化设备缺乏等制约，导致当地群众很难有机会接触和了解到云展览，使得这些地区的人们成为受众度相对较低的一部分群体。另外还有一小部分群体由于对线上体验存在误区，他们认为“在线展览与实体展厅完全不是同一个档次，更没有现场参观的感受”，从而不愿参与到云展览当中去，“不愿意试一试”的想法也制约了更多的群众接触云展览。

（2）社会机构参与度不均衡

虽然博物馆与社会机构的合作在逐步推进，但不同类型的机构参与度存在明显差异。教育机构与博物馆之间的联系较为紧密，许多学校将云展览看成课堂的教育资源，在上课的时候会让孩子们前去参观体验这个相关的博物馆云展览。但是科技企业、文化创意企业等很少关注、涉足博物馆，有的甚至不太关心，他们更愿意做其他科技应用项目，觉得这些项目的利润更大、回报更多。而对文化创意企业的开发，相关的产品设计人员都是做线下文创产品出身，并没有做大量的云展览数字文创产品的设计和营销工作，导致本该成为“爆款”“流行品”的文创产品缺少创新性和融合性，未能发挥云展览的文化效益。

5. 法律与政策层面的问题

（1）法律法规不完善

博物馆云展览遇到的法律问题越来越复杂，其适用的相关法律法规比较滞后：就知识产权而言，《中华人民共和国著作权法》等法律法规虽然对于我国境内的数字作品的保护做了相关规定，但是对于云展览数字化内容使用的版权归属、使用权限以及侵权行为的判断等方面并没有做细致的规定；就数据安全和隐私的法律法规而言，尽管有《中华人民共和国网络安全法》《中华人民共和国数据安全法》《中华人民共和国个人信息保护法》等相关法律的规制，但是博物馆如何保障云展览的数据安全与隐私没有相关的规定，这无疑是存在盲区和风险的。

（2）政策支持力度不足

尽管政府出台了一系列支持文化事业和数字化发展的政策，但对于博物馆云展览这一具体领域的政策扶持仍显不足。政策的针对性不强，缺乏专门针对云展览项目的资金、税收以及技术扶持等方面的详细政策措施。政策相关部门执行力度欠缺且各自为政，涉及政策层面包括文、财、科、教等部门，这些不同部门在执行层面很难将政策落细落实到位。

综上所述，博物馆云展览在文化宣传和服务方面有巨大的发展空间，但同时也存在技术、内容、运营和社会认识与法律政策方面的问题。第一，在技术层面，成本高、资源不均和更新换代带来兼容性隐患，将阻碍中小型博物馆参与其中；第二，在内容层面，同质化竞争、创新力缺乏、品质参差不齐和更新速度慢等弊端会让观众产生审美疲劳，无法引起大众注意；第三，在运营层面，缺乏资金来源、观众运营薄弱和品牌打造单薄等问题不利于长期发展和市场竞争力的提升；第四，在社会认识与法律政策层面，公众认识度低、各社会机构间参与不均衡以及法律法规及政策支援欠缺等问题会影响云展览的推广力度和深度。

第五章 博物馆云展览的创新路径

在数字化技术与文化交融并进背景下，博物馆云展览的创新发展要运用系统思维串联战略统筹、技术创新、内容提质、社会协作和人才保障等不同路径，强化顶层规划和推进机制建设，并加强配套政策支撑体系建设，促进先进科技研究与发展、跨界融合；培育形成融通文脉和易于传播的动态内容体系：拓展外部合作和社会化交流体系；同步健全人才引育和团队支撑体系。最终形成以技术提效、内容激活、机制创新、社会共建为主的良性的运转闭合回路，突破常规线下展览所限的物理范围与经营桎梏，使数字形态的文化资源得到快速转化利用，获得不断增值的长效动力源，持续助力博物馆的数字化升级转型之路。

一、加强顶层设计与战略规划

1. 制定长期发展战略

博物馆云展览的发展必须有长远的计划，树立面向未来的、系统的长期战略发展目标，牢牢把握博物馆传世创新的责任，以数字化技术驱动线上线下的融合展览生态建设。第一，厘清云展览在整个博物馆发展中的格局与定位。第二，制定近期指标——完成展览内容数字化上网；中期指标——完成技术和内容融合发展，加强展览互动性和沉浸感；远期指标——建立全球交流平台，增加不同文化交流融合度。第三，做好组织机构间的协调工作，使得技术、内容运营等各个环节成为一个有机整体向前推进，在战略设计上尽量做到前瞻性、可行性，在策略部署上做好短期目标、中期目标、远期目标的设计，确保博物馆云展览持续稳健地发展，为观众提供更加广泛、便利的服务。

2. 完善政策支持体系

为推动博物馆云展览的深入发展，需要打造政策制定、执行、监督、评价的完整系统的政策支撑体系，使云展览能在良好政策环境中稳步前行。一是出台相关政策，在宏观上确定云展览的地位和发展趋向，给博物馆一个明晰的方向和扶持，从经济方面入手给博物馆一些帮助；完善与云展览相关的法律文件支持，保护博物馆数字化过程中所产生的数据和网络问题，使其不受侵犯。二是做好各部门协作工作支撑保障，加强有关部门间的联系沟通工作，如文化和旅游部、科技部、教育部等，为云展览发展创造条件搭建平台，健全监管评估制度。政府部门要定期组织对博物馆云展览进行监管检查及测评工作，研究制订相应的评估体系，有效掌握和了解博物馆的相关情况，更好地促进工作的展开，从而推动博物馆积极创新云展览，使更多的优秀特色数字文化产品出现并得以长久地传承与发展。

二、深化技术创新与应用

1. 加大新兴技术研发投入

面对数字技术的大潮汹涌澎湃、日新月异的形势，必须早作谋划：一方面，把 VR/AR/MR、AI、5G、IoT、区块链等最新的技术列入研发日程，不断拓展这些新技术在云展览中的运用；另一方面，针对迅速发展的新技术，博物馆要提早布局，设立新技术研发基金，支持多学科、跨领域的科研联合攻关项目，集聚全世界范围内的优秀人才和技术，打造全球范围内新技术研发创新高地，促进新技术与博物馆展览的全面融合，同时也要为技术研发预留高效的机制和空间，鼓励小步快跑、快速迭代式的新技术探索性应用，让新技术早日落地生根，成为给观众带来沉浸式、智能式、个性化的新型展览方式。博物馆还应广泛参与各种国际性的新技术交流活动，从国际上获取养分，学习先进的做法和经验，引进最前沿的技术成果，进一步丰富和完善云展览的技术内涵，提升其国际竞争力水平。如此，随着新技术研发投入力度的增加，云展览的技术创新步伐才能始终走在时代的前列。

2. 推动技术融合创新

博物馆应秉持开放包容的理念，不断探索新事物之间的融通互通，探索更多的技术与技术之间的融合，形成多元的、立体的技术支撑体系。

（1）新兴技术的应用

随着科技的发展，在博物馆云展览必然会融合和运用更多新技术的推动下，让展览更漂亮、互动性更强，让观众观看展览更美妙。

a. 虚拟现实（VR）技术

VR 虚拟现实是运用数字模型建立与真实世界相同的三维空间，在此环境内，可以产生参观博物馆的“亲身”感受。今后 VR 技术会更为发达，画面更为精良，显示效果清晰逼真，延时极低，提供高沉浸性、交互性的观赏体验。以后就有一种全新的遗址展示方式：“走”进展厅，“拿”起收藏的古物。不仅仅是虚拟展览厅，还将结合手势识别、语音识别等，用嘴、用手都可以自由操纵虚拟空间。

VR 大空间体验展亮相明十三陵定陵博物馆（来源：定陵博物馆官网）

b. 增强现实（AR）技术

增强现实技术，通过叠加虚像至现实世界之中，让观众拥有更丰富的观展视觉盛宴。后期利用 AR 技术会愈加精准、更加高效地做到实时与复杂的图像识别并呈现渲染结果等。例如，参观者

增强现实（AR）技术在故宫博物院中的应用
（来源：故宫博物院官网）

观赏原件文物时便可叠加出虚拟的历史实景场景以及对应文物的介绍信息及互动内容展示等。AR 同样也可延伸到手机端与眼镜镜片上叠加图像信息显示，并且伴随更多可穿戴智能设备应用硬件普及而出。

c. 人工智能（AI）技术

人工智能技术在云展览中有着广泛的应用前景，如智能导览、个性化推荐、智能问答等。未来，AI 将会更加聪明与个性化，观众的行为和偏好都可以作为内容导览的数据源。云展览可以通过 AI 的推荐为每一名观众呈现更符合其兴趣的内容，提供个性化的讲解服务；运用计算机视觉 + 自然语言处理的交互技术会实现真正意义上流利的“说人话”的交流模式；将来还可以基于 AI 实现文物自动识别并自动标记，并应用于文物的盘点与管理等场景中[1]。

d.5G 技术

5G技术的高速传输和低延迟特性，为云展览提供了更加稳定和高效的网络环境。未来的 5G 技术将在云展览中得到更广泛的普及使用，用 5G 技术实现各种类型大数据的通畅传输，如高清视频、3D 模型等。在 5G 网络下，可以更好地运用在线平台组织观众“亲临”展览会或博物馆的活动现场，并能够像观看实时视频直播那样参与到各种活动中。未来利用 5G 应用，在大跨度的时间和空间之中营造丰富多彩的云展览情景，将来还会采用基于 VR/AR 的互动及渲染技术，给用户以更高品质的沉浸式感受。

杭州城市 AI 数字人“杭小忆”2.0
（来源：杭州市文化旅游局官网）

e. 物联网（IoT）技术

物联网技术通过将各种设备和传感器连接到网络，实现数据的实时采集和传输。未来，物联网技术会被运用在云展览上，在虚拟展厅的环境中实时监控，

[1] 周雄伟 . 转化与创新：AI 技术在博物馆展览中的应用 [J]. 福建文博 ,2024,(04):91-96.

并随时传输和捕捉观众的行为。例如，博物馆中的物联网传感器能检测博物馆各个展厅的具体温度湿度及馆内环境并及时传递到网络信号，从而保证展出物品以及展品参观的条件[1]。同时，借助于物联网的使用也可以从云展馆对进入展项的所有观众的数据及动向进行收集与搜集，为今后更好地完善展览会做好数据方面的记录与搜集工作等。

f. 区块链技术

区块链技术通过分布式账本和加密技术，确保数据的安全性和不可篡改性。未来，云展览使用区块链技术，借助分布式的账本来解决所涉及的数据问题，实现不可篡改、防伪溯源的效果。以博物馆为例，借助区块链保护博物馆的展览数据，在展陈过程中的数据不受到泄露与盗用的侵害，保证自己的内容和著作权等无形财产权，提升云展览的可传播性与可信度，利用智能合约功能实现展览运营自治。

（2）技术融合与创新

未来，云展览将不仅仅是单一技术的应用，而是多种技术的融合与创新，形成更加综合和高效的展览平台。

a. 多技术融合的展示平台

未来，云展览将融合 VR、AR、AI、5G、IoT 等多种技术，形成一个综合性的展示平台。例如，通过 VR 技术创建虚拟展厅，观众可以身临其境地参观；通过 AR 技术叠加虚拟信息，观众可以获取更多互动内容；通过 AI 技术实现智能导览和个性化推荐，提升观众的体验；通过 5G 技术确保数据的高速传输，保证流畅的观展体验；通过 IoT 技术实现对展览环境和观众行为的实时监测，优化展览管理。这种多技术融合的展示平台将为观众提供更加丰富、多样、互动的观展体验。

b. 跨领域的技术融合

未来，云展览会在更多行业领域实现跨行业的融合发展，应用场景也不断延伸。例如，与教育融合，在线上形成教育培训课程，并开发各类互动学习体验模式来拓宽学生的知识面，向其输送丰富的文化资源。也可以发展“云旅游”，在传统展览的基础上开

[1] 薄萍．物联网技术在博物馆智慧化文物保护中的应用 [J]. 文物鉴定与鉴赏，2024, (01): 37-40.

发更受广大人民群众青睐和更具吸引力的以旅游为纽带的活动，同时让观众能够跟随博物馆的脚步行走世界；可以尝试同艺术领域做融合，开办线上艺术展或者创意项目；可以尝试和科技跨界合作，实现多种新技术新事物的创新突破等。

c. 技术与艺术的融合创新

未来，云展览将更加注重技术与艺术的融通创新，以一定技术使艺术更具有表现性和感染性。利用 3D 再现的技术还原历史场景、历史人物、美术作品的制造过程；利用增强现实把艺术品与周围环境结合在一起创造新的视觉奇观；通过人脸识别、AI 作画等人工智能进行艺术品的智创以及智能推送。这些都可以刺激人们调动更多感官加入进来，在这种新奇感中发挥无尽的创造力和想象力。

d. 技术与教育的融合创新

未来，云展览将与教育领域深度融合，形成更加丰富多彩的学习资源。例如，通过 VR 技术和 AR 技术提供一个教育环境和课堂，让学生可以身临其境地体验学习历史知识、美术知识以及科学知识等；利用人工智能设计出学生不同的人工智能发展路径，并配备相对应的 AI 辅导员辅导大家提高成绩等；还可在线上组织话题讨论活动、“征集我心目中的作品”征稿活动、“你知道吗？”等活动，让大家在玩的过程中收获并展现自我。如此说来，在教育方面我们大有可为！

e. 技术与社交的融合创新

未来，云展览会融入更多社交内容，成为一个更具有交互性和社交性的观展空间。比如，在社交媒体上晒自己的观展感受，互相评价交流；进入线上论坛社区进行评论和共创，打造一个良好的观展社区氛围等；使用 AR、VR 技术邀请朋友或者是大家一起走进展厅来参观游览等。这种技术和社交相互结合的创新运用会让观众有更强的参与感和归属感，促进文化的传播。

f. 技术与商业模式的融合创新

未来，云展览将与商业模式深度融合，在新的场景中开拓盈利通道和经营模式。例如，门票售卖、广告赞助、衍生产品销售、会籍制等一系列不同的收费运营和服务项目等，为云展览找到可持续的发展道路；利用大数据、人工智能等数字技术服务进行精准的营销推广和观众运营工作，以增加观众活跃度与黏性；利用各类合作组织实现资源互享互通，同时与企业机构以及个人携手开拓并经营云展览产业。如此种种都将是云展览技术落地商业领域的融合创新趋势，有着无尽可能。

三、优化内容建设与管理

1. 强化内容策划与创作

博物馆要树立内容是王道的意识，充分发挥文博工作者的专业能力和聪明才智，挖掘展示的文化内涵和精神价值，结合时代背景和观众需求，努力推出一批既具创新性、独创性，又具教育意义的主题鲜明的内容。跨界交流与合作可以为展览带来多方面的视角和灵感。通过与其他领域或机构的合作，吸引更多相关文化学者及艺术家参与创作，共同努力打造出高品质的文化佳作，在文化的融合碰撞中迸发出耀眼的火花。在内容方面，注重原创性与多元性的统一，以创新的思维从事艺术创作，利用先进的现代科技手段，让虚拟影像成为传播优秀传统文化的重要载体。同时兼顾展览内容的国际视野与不同文化的交融。

博物馆还应当重视内容创作工作的常态化开展，加强这方面人才的培养和使用，给愿意并适合做展览的人提供发展空间和舞台，给予他们更好的成长空间，激发更多人的创作活力。只有不断加强内容策划工作，并且持之以恒地进行下去，才能使云展览呈现出更丰富的面貌和更高的水准。

2. 提升内容展示与传播效果

博物馆需要利用好数字化技术，创新展览内容的展示方式，为观众带来更具有代入感、更丰富的观展体验，让观众“身临其境”地感受文物的魅力。运用高清影像、虚拟现实、增强现实等先进的技术手段，将静态的展品变为生动立体的形象，丰富展览内容的展现形式，吸引观众参与到互动中来，在互动体验中学习知识，在参观游览中感受文化。

拓宽传播渠道，形成多样化的传播模式与内容，辐射不同兴趣圈层的目标群体。可充分运用社交类媒体、视频平台、讨论社区等新媒体以及主流传统媒体，打造线上线下的多元化传播矩阵，扩大展览宣传面；或针对特定兴趣群和潜在受众群体开展定向性传播，满足观众不同的内容需求，取得最佳的传播效果。

开展相关的内容营销和品牌建设工作，推出具有一定辨识度并拥有稳定粉丝基础的展览品牌，通过举办线上线下活动、文化讲座、学术研讨等形式来深化展览内容，加强与教育培训单位、旅游机构、科技公司等的合作，多方合力推动展览内容的有效传播。

3. 完善内容管理与更新机制

博物馆应构建科学、系统、高效的内容管理体系，包括从内容策划、采集、编辑、审核到发布、监测、评估等全过程管理，保障展览内容的科学性、准确性和完整性。通过先进的数字化管理工具和技术手段，实现展览内容标准化、规范化的管理工作，并有效提升博物馆内容管理的效率和效果。

建立动态更新机制。博物馆应及时根据学术成果、考古新发现、热点变化情况以及观众的意见对展览内容进行更新调整，保持展览的新鲜感。在不断推出新展项的基础上，及时发布新的展览作品、互动活动等内容；并定期检查和评价展览内容，保证展览内容既符合主题和观众需要，又能快速发现问题并对展览进行改进。

建立交流合作的内容分享机制，与其他文博机构、学术团体、科技企业之间进行积极的合作与交流，分享彼此资源，相互促进，共同发展展览内容。

建立健全博物馆展览知识产权管理制度，保护内容被合理合法地利用，维护博物馆的合法权益和形象不受损害。

四、拓展社会参与与合作

1. 加强与观众的互动与合作

博物馆应秉持以观众为中心的理念，打造全方位、多角度的互动合作，与观众结成亲密关系。一方面，运用社交媒体、在线论坛、虚拟社区等方式搭建观众交流平台，与观众实时互动，及时听取观众意见和建议，获取观众文化需求和观展兴趣信息，以便调整展览内容；另一方面，积极组织各种互动交流活动，如线上直播答疑或讲座分享等，在线开展文物模拟修复、问题答题、虚拟实验等趣味性互动游戏，引导观众在互动中学习知识、参与体验，感受文化氛围，收获观展乐趣。博物馆还需要深入挖掘观众，与观众互动，在观众身上做文章，邀请观众创造并与博物馆共同推出“观众生产内容（UGC）”，以及面向公众举办由观众策展人发起和举办的策展项目，让观众参与到展览的策划制作过程中来，把观众放在展览里面，成为展览的组成成分。同时，要做好观众黏合剂的工作，只有观众忠诚度高了，才能保证博物馆云展览长久兴盛不衰。

2. 深化与社会机构的合作

博物馆应秉持开放合作、互利共赢的原则，积极拓展与教育、科技、旅游、媒体等社会机构的合作方式，共同开创云展览新局面。

博物馆可以考虑与学校、培训机构在教育领域中融入云展览，为学生提供课余文化知识学习资料和网上课堂、研学游等培训课程；可以考虑联合科技公司、科研院所研发新技术、新应用，丰富云展览的内容与体验，并以此推进文化与科技的融合。可以考虑携手相关旅游机构、酒店和航空公司等合作开发旅游路线与旅游产品，推出一站式的文化旅游服务，丰富游客的旅途生活，充实旅游产业的文化内涵。还可以考虑与电视台、广播电台以及网络媒体等进行更广泛的合作，包括节目制作、广告宣传、直播介绍等方式来提高云展览的知名度。

博物馆还要担负起公益事业的社会责任，主动对接慈善组织、基金会等公益机构开展文化公益活动，提升博物馆的社会责任感和品牌形象。

3. 促进国际交流与合作

博物馆应秉持开放包容、互学互鉴的原则，尽可能多地寻求与世界各国博物馆机构、科研单位之间的合作机会，发挥自己的作用。云展览平台可以将世界各地的博物馆连接起来，在展览方面互相支援，进行展览方面的国际合作；也可以共同开展线上线下的展览、讲座等交流活动，结交各国博物馆朋友，扩大本国文化影响力，并对各种文化予以尊重和保护。在合作过程中应该有所创新，争取形成常态化关系，如联手举办多国跨文化交流展览项目，结合不同国家的文化创造不同的展览内容，形成人才沟通、技术相通的密切关系等。

博物馆工作人员还要主动走出去参加一些国际交流活动，如参与年度性的国际博物馆日、世界文化遗产日等国际文化交流活动，在这些国际文化交流活动中举办主题文化展览或文化论坛来介绍自身国家的文化历史特色内容，进行国际的文化交流与融合。通过主动开拓国际交流与合作的形式，有利于拓展各类型博物馆展览的眼界和展览的展示范围，加大展览对外界的宣传影响力度，共同促进各个国家间文化的多样性和包容性的发展，营造和谐共赢的人类命运共同体大环境。

五、提升人才培养与团队建设

1. 加强专业人才培养与引进

博物馆应高度重视人才队伍建设，构建全方位、多层次的人才培养体系，为云展览的持续发展提供坚实的人才储备。博物馆应当重视员工的能力培养，组织内部人员进行知识和技能培训，并给予一定的项目锻炼机会，提高他们的数字素养以及专业文化策划水平、项目操作技能等，使其成为既掌握知识又具有较强实际操作能力的复合型人才；其次，鼓励员工发扬创新精神，在积极创造的基础上努力完成与云展览的研发有关的各种事宜（参加各种类型的研发项目等），发挥自己的才能；再次，建立相应的激励制度，引导更多员工朝这一方面发展。博物馆要多渠道招聘优秀人才，特别是面向全国乃至全世界引进优秀高级人才，以较高的工资标准和其他待遇留用他们来发展自己的业务，让他们贡献自身才智。当然，也可以采取一些措施让已有人员能够有机会走出去学习先进的知识或做法，了解其他地区博物馆的相关情况。除此之外，还可以与其他各类单位加强人才交流与合作。

2. 优化团队结构与管理

博物馆应秉持科学管理、高效协同的原则，构建适应云展览特点的新型团队结构与管理模式。一方面，博物馆根据云展览项目的需要，合理划分团队中的各类岗位，明确团队中各类岗位的工作内容。另一方面，要做好组织管理，建立良好的沟通协同机制，打破原有的部门界限，技术、内容、运营等不同职能间的团队形成良好的联动和配合。再者，重视培养跨领域能力，让员工多学多问，开阔视野，成为既有专业知识又有其他领域知识的复合型人才。最后，建立一定的绩效考核制度、激励机制以及培训发展机制，激发工作人员工作的积极性与创造性。

第六章　博物馆云展览的风险防控体系构建

对于数字化大潮下博物馆云展览的迅猛发展态势，需要构建完整的风险防控结构体系来应对不同层面的技术、数据、内容等各个方面的风险漏洞。针对风险识别评价、安全防护建设、应急处置和持续改进形成闭合，在风险分类架构与量化评估模型的基础上形成技术防范与内容管控屏障、应急预案、法务与保险合规配套、安全态势感知平台与 PDCA 质量环迭代进行，并最终形成立体化、动态性、协调性的风险防控结构体，以期获得更加完善的常态化安全保障效果。

一、风险识别与评估

博物馆云展览作为数字化时代文化传承与创新的重要形式，在技术、内容、运营等方面具有巨大潜力的同时也面临着诸多风险，需要建立风险目录清单和评估模型进行风险辨识。

1. 风险分类体系

（1）技术风险

技术风险是博物馆云展览运行中最直接、最容易发生的一种系统性风险，它来源于数字化基建的复杂性和技术运用的开放性。

系统崩溃风险：以服务器负荷过大、网站流量激增时网络延展性不够或软件版本冲突导致访问中断为主要表现，其将直接影响到展览使用体验的便捷性和连续性。

数据泄露风险：以用户隐私数据、文博机构数字资产与运营数据意外被盗取为主要表现，它除了可以由数据库防护疏漏、内网操作失误所引起之外，还有可能因第三方服务商的数据管控不到位所致，不仅损害了博物馆的知识产权与经营机密，同时也有触犯《中华人民共和国个人信息保护法》《中华人民共和国数据安全法》等法律而被追责的风险。

黑客攻击风险：注入恶意代码对目标进行网络入侵，或者对目标发起 DDoS 攻击均是此类风险的主要表现形式。黑客通常会借助这一方式来对展览网页实施篡改和窃取重要资料，但更严重的结果则是木马病毒植入后造成整个数字平台彻底瘫痪，使得相关博物馆受到舆论讨伐和经济损失。

除此之外，技术更新迭代速率与运维部门的系统维护能力无法匹配、硬件产品落伍滞后于最新科技以及云端服务供应商的技术不可靠程度也都将成为潜在的风险点，在进行识别登记的时候不能掉以轻心。

（2）内容风险

内容风险贯穿于博物馆云展览的策划、生产与传播全周期，集中反映在文化价值传递的准确性与知识生产的合规性层面。

版权纠纷风险：数字内容制作过程中文物图像、影像资料和学术成果等各类 IP 使用边界不清晰，未经允许对第三方版权素材的数字化复现、AI 创作产生内容素材的训练数据来源质疑均有可能成为法律诉讼和赔偿诉求。

文化误读风险：由数字媒介固有的符号提炼和去语境化特点引发的，如虚拟场景下历史事件情景再现缺少考究严谨的文化注脚容易引发公众文化理解歧义、跨文化传播中各具特色地域文化符号误用和过度商业化篡改极易引起受众文化认同危机和舆情争议。

信息失真风险：由数字化加工环节的技术缺陷诱发，如三维建模导致文物形象失真、色彩还原算法缺陷引起的视觉误导以及多语言自动翻译系统专有名词转译不当带来的专业领域知识误导，技术手段引入后这些失真问题常被误判为真，在没有被及时发现并修正之前将损害博物馆的知识公信力。

（3）运营风险

运营风险聚焦于博物馆云展览项目管理的可持续性与资源协调的有效性，其本质是组织内外部环境变化与战略达成的张力的反映。

资金链断裂风险：来源于财政拨款不可持续、商业赞助不牢固、用户付费未经检验，特别是大量研发投入的内容制作、技术研发等领域。资金供给中断必将导致项目缩水或品质缩水。

人才流失风险：指数字化专业团队（既懂文博又懂数字）被企业挖墙脚或者技术运维、用户运营的核心岗位乏人问津，珍贵的人才资本流失将影响组织创新迭代的能力。

合作方违约风险：指博物馆对口合作方——技术服务商、内容供应商、推广平台等在合作权责模糊、履约水平不足的情况下发生的第三方技术公司开发交付逾期、“云商”停服意外、合作文化机构等退群事件。在无预案情况下，博物馆面临因合作方违约而造成业务暂停引发的经营瘫痪的风险。

（4）法律风险

法律风险根植于博物馆云展览运行所仰赖的各类制度规范和政策约束,“跨界”的空间属性、瞬息万变的时间发展，使该部分风险始终处于动态变化之中。

隐私保护风险：依托于用户数据采集、存储、使用过程中的合法性审查，博物馆未向用户提供可清晰获知的信息收集范围、越界抓取行动轨迹等精准营销行为或为用于精确打击的生物识别信息欠缺有效的加密等级均构成违反《通用数据保护条例》（GDPR）或《中华人民共和国个人信息保护法》之“最小必要原则”与“知情同意原则”[1]。

跨境流动风险：依托于云展览的全球性质，不同国家司法区的本土性诉求将数据主权、数据本地化存管的相关法律规定赋予不同的意涵（欧盟的数据充分性认定机制与中国《数据出境安全评估办法》[2]），极易造成博物馆在跨国用户服务过程中陷入困境。

未成年人保护风险：依托于缺乏内容分级与防沉迷系统，在未设置任何访问权限的前提下提供暴力或宗教题材展览，在互动设计中缺少防止未成年人浏览时长过久的功能即属违反《中华人民共和国未成年人保护法》网络保护条款，亦将招致大量监护人集体诉讼及社会舆论声讨。

2. 风险评估模型

基于 ISO31000 风险管理标准构建的量化评估体系，注重风险辨识、分析、评判、应对和监测融入一个闭环流程中，使用工具来显示风险元素及其重要性。识别阶段需要运用 SWOT 分析、

[1]《中华人民共和国个人信息保护法》第 6 条：处理个人信息应当具有明确、合理的目的，并应当与处理目的直接相关，采取对个人权益影响最小的方式。收集个人信息，应当限于实现处理目的的最小范围，不得过度收集个人信息。

[2]《数据出境安全评估办法》：国家互联网信息办公室令，第 11 号令。

故障树分析 FTA 的方法，并借助博物馆业务场景梳理的技术、内容、运营、法律四大类风险清单；风险分析则运用概率——影响矩阵（Probability-Impact Matrix）对已知风险进行半定性计算，比如系统崩溃风险的发生概率（如每月故障次数）与影响程度（如造成用户流失的比例、修复费用等）分别标示为“非常大—较大—一般—较小”的 4 类热区；风险评价时需要引入风险偏好概念，在博物馆目标约束下制定风险可接受水平，比如要求单次数据泄露造成的经济损失上限不超过全年预算金额的 5%，否则即启动升级响应；风险对策要遵守“规避—转移—减轻—接受”的顺序原则，比如黑客攻击的预防上选择部署 AI 入侵检测系统以规避该威胁、投保网络犯罪险以转移风险、定期渗透测试加以缓解的风险应对策略组合措施；风险监控则由关键风险指标 KRI 和预警平台提供支撑保障，比如跟踪服务器负荷率、接获投诉数量以及版权争端案卷数的变化情况。此模型内嵌 PDCA 循环过程机制，持续把评估的结果反馈回组织层面，以便管理决策能够与不断变化的组织环境相匹配。

二、安全防护体系建设

安全防护体系是支撑博物馆云展览数字化稳固运转的重要基础设施。在数字藏品发行与展示的过程中，从技术安全防护、内容安全管控两个层面的安全建设出发，打造网络安全、数据安全、容灾备份、版权保护、内容审核、溯源追踪的安全防护链，形成多维立体的安全防范系统。

1. 技术安全防护

（1）网络安全

博物馆云展览网络安全防护要在《信息安全技术网络安全等级保护基本要求》（GB/T 22239-2019）的基础上形成纵深防御体系，部署新一代智能防火墙实现网络边界的流量放行异常阻断；通过入侵检测 IDS 和入侵防御 IPS 实现网络攻击在线监测中断；周期性渗透测试模拟黑客攻防，识别系统漏洞缺陷配置，同步实施安全审计对各类网络、系统服务程序等进行安全日志审查符合性测评，评估访问控制措施严苛程度和网络结构牢固度。建立零信任可信接入环境对用户的人员属性、权责操作条件进行实时检验，可以在信息网格局中实现实时威胁感知。

（2）数据安全

数据安全防护要求贯穿于采集、传输、存储、应用的全链条过程，使用国密算法和 TLS 1.3 协议做端到端加密传输，避免被中间人截取和盗取；通过不同数据级别对应不同存储区层实现冷热数据分存、分布存储与冗余编码确保核心文物数字资产的安全；利用区块链存证技术形成无法篡改的文物数字指纹链，将相关文物元数据、版权及操作记录上链固化，由智能合约完成版权确权跟踪；在隐私计算条件下让大数据“可用不可见”，保障各方在数据异地共享时原始数据不离开本机构且达到发掘数据价值的目的。

（3）容灾备份

建立“两地三中心”异地双活灾备架构，在异地双活站点之间动态调度负载均衡集群，确保某一个数据中心出现故障情况下分钟级切换备用节点；采用增量快照 +CDP 技术方案实现业务数据备份秒级完成和数据一致性校验，进行全量及日志回放，建立灾备应急演练常态化机制，自动化的故障注入测试恢复验证等手段确保 RTO ≤ 5min、RPO 接近为零；同时完成在异地区域内同站部署无状态应用容器化以及有状态服务分离的建设工作，并基于 Kubernetes 引擎的服务自愈 / 伸缩容机制进一步提高系统抗毁能力[1]。

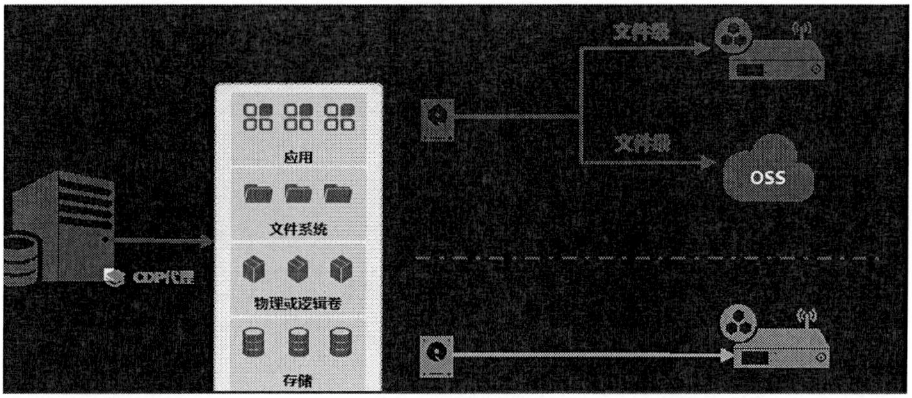

CDP 技术方案实现业务数据备份（来源：美国飞康软件公司官网）

[1] 刘祥，胡瑞敏，王海滨．基于 Kubernetes 的 AI 调度引擎平台 [J]. 计算机系统应用 ,2023,32(08):86-94.

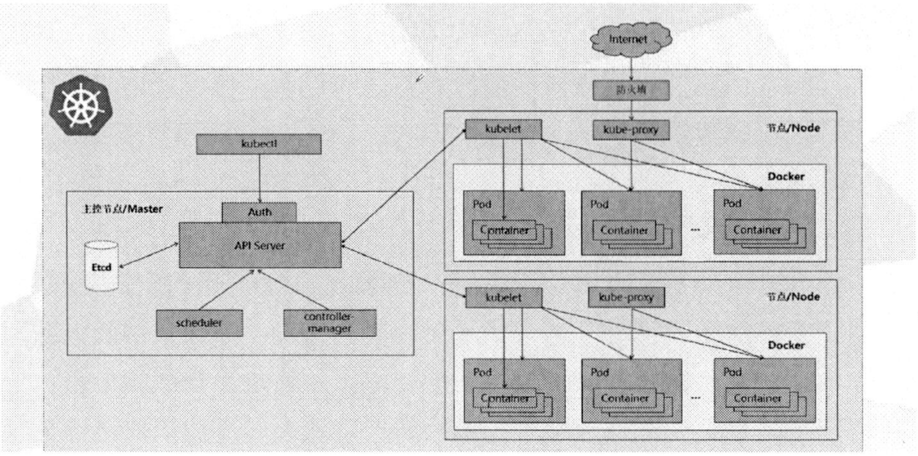

基于 Kubernetes 引擎的边缘服务自愈系统（来源：CSDN 博客官网）

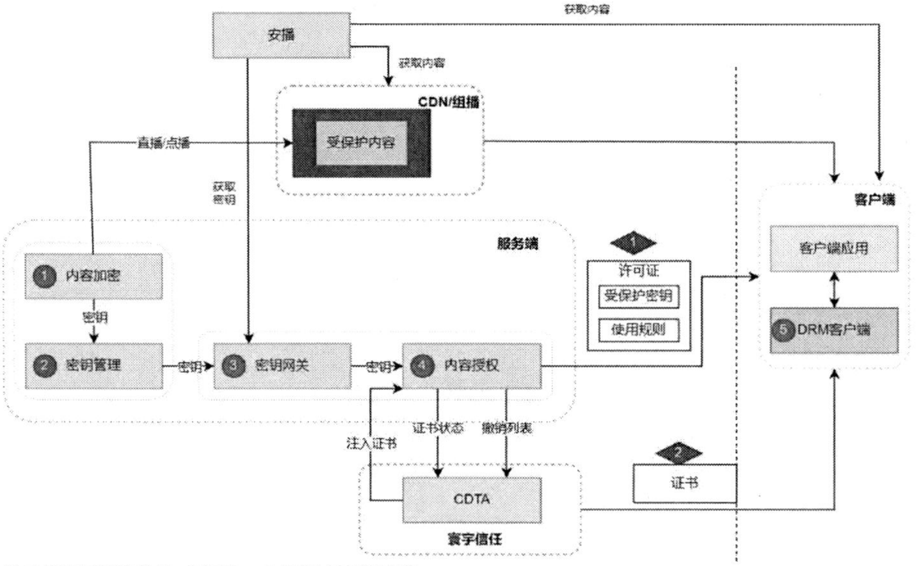

数字版权管理系统（来源：上海科普网官网）

2. 内容安全管控

（1）数字版权管理（DRM）系统

数字版权管理系统采用数字水印、权限和加密封装，对文物三维模型、高清图像和音视频内容采用 DRM 加密封装策略，按照 DREL 规定播放次数限制、机器绑定、时间戳限制、地域封锁等细粒度访问权限；采用硬件可信执行环境确保解密密钥保护，免遭内存抓取和逆向攻击；进行版权所有权追查，提取数字指纹并利用哈希值比对判别盗版传播物，利用区块链存证支撑司法维权提供可靠电子举证信息；支持多级版权分发，分别针对学术研究、商用授权、公众浏览使用场景定制差异化的授权许可，使文化遗产能够被合规利用。

（2）文化审核双审制

建立“专家+AI”审核模式，组建由文物专家、历史学者和法律顾问参与的人工审核小组，对文展文本、图片资料、互动素材等开展意识形态性、历史性以及敏感性审核；平行配置基于 NLP 和 CV 的 AI 审核系统，用大模型实现敏感词过滤和涉政关键词检测，调用知识图谱结合文物背景关系关联各类历史事件数据库完成图像违规检查与内容逻辑核实；建设人机协同决策平台，人工对 AI 系统打上的危险样本进行二判，并反哺标记信息不断更新算法，达到自动调整审核标准、及时提醒警示的合规效果。

（3）动态水印追踪技术应用

动态水印追踪技术通过在数字内容中不可见地植入包含用户、时间戳、设备指纹的身份水印用于溯源；使用抗几何攻击的鲁棒水印算法保证水印能够抵抗各种截图、录屏、转码等攻击被提取；根据不同载体嵌入策略，分别在三维模型上采用顶点抖动和纹理地图水印，在视频流中采用时域—空域混合水印，在图片上采用 DWT 水印；部署水印溯源认证中心自动水印解析联动用户行为日志追责，自动判别文物数字资源泄漏并生成维权证据链；配合数字指纹、区块链存实现在内容产生、流通及维权全链条过程中的版权保护，遏制文物数字资源未经授权的泛滥扩散。

三、风险应对机制

在数字化技术深度介入文博领域的背景下，博物馆云展览风险应对机制要构建多维和立体的风险防控体系。通过应急预案的灵活调动、法律规制的刚性约束、保险产品的风险共担这三个维度实现事前、事中和事后防控，从而规避数字技术应用带来的突发技术风险、法律纠纷、文化价值贬损等隐患。

1. 应急预案体系

（1）四级响应机制

根据风险事件对文物数据安全、系统平稳运行、游客服务的综合危害程度，设置特别重大（Ⅰ级）、较大（Ⅱ级）、一般（Ⅲ级）、轻微（Ⅳ级）四个等级的响应：Ⅰ级主要用于重要核心文物数据泄密、大面积服务瘫痪、引发国际舆情危机等，要求立即启用跨部门应急指挥中心，系统离线隔离，联合网信、文博、公安部门处置；Ⅱ级主要用于造成区域范围内服务中断、普通信息外泄等，要求 2 小时内完成系统漏洞修复、数据分析溯源并将分析报告报主管部门；Ⅲ级主要用于局部功能失常、普通用户数据泄露等，由运营团队在服务降级后进行热修复，保障基本参观正常进行；Ⅳ级主要用于自动触发内容监控中出现技术误植故障，15 分钟内闭环处理。不同级别间可根据实际情况灵活调整——当灾情范围扩大或次生危害升级时，指挥部可调集更高一级的专业技术力量和物资储备以应对突发情况。

（2）沙盒演练制度

建立基于数字孪生搭建虚拟演练空间，每年开展覆盖全要素的攻防对抗演练，模拟 DDoS 攻击、APT 攻击、三维模型篡改等 18 类常见攻击类型，检验系统防御体系作战能力。演练方案的设计按照《红蓝对抗》原则：网信部等部门组成的红队设计复合型进攻路线，网络层进入应用层篡改数据的全链路攻击；由具有网络安全相关资质的第三方安全公司组成；安全运营中心实时监测和现场指挥处置队伍进行应急处理；组建由企业信息安全负责人及各专业部门主要负责人为成员的蓝队，在安全态势大屏实时查看情况并协同其他系统的同事完成响应任务，考核内容为威胁识别准确率、初级响应时长、多系统联动处置时长三项重要指标。结束后根据报告里的脆弱性图谱、响应效能曲线、资源调度缺陷来调优各项安全策略配置阈值、更新入侵检测规则库，将数据导入机器学习模型中，提高应对新奇攻击预判能力和抗突发状况冲击韧性，从而建立一个逼近实战的虚拟训练场。

2. 法律合规建设

（1）GDPR 与《数据安全法》合规对照表

针对云展览跨国界数据流动和多方主体协作特点，构建双重法律遵从框架。梳理 GDPR 与中国《数据安全法》在 23 个角度上的相同点和差异项，形成本土化、操作性强的对比清单。在数据收集层面，同时满足 GDPR 合法、公平、透明原则与国内法最小必要原则，在用户行为数据收集的基础上，进行双层匿名化处理；在数据存储层面，依照《数据安全法》规定将主要文物数字资产列为国家重要数据目录，并参考 GDPR 第 44 条建设有认定能力的跨境传输机制；在数据应用维度，保证用户根据 GDPR 享有删除权、可携带权等新型权利以及我国法律规定的相关数据安全审查义务。

GDPR（欧盟）、CCPA（美国加州）、《数据安全法》（中国）对照表

维度	GDPR（欧盟）	CCPA（美国加州）	《数据安全法》（中国）
适用范围	所有处理欧盟居民数据的企业（无论企业是否在欧盟境内）	年收入 >2500 万美元，或处理 5 万 + 消费者数据，或 50% 收入来自出售数据的加州企业	中国境内数据处理活动，及境外危害中国国家安全的数据活动
核心权力	知情权、访问权、删除权（被遗忘权）、可携带权、反对权	知情权、删除权、拒绝出售权（Opt-out）	数据分类分级、风险评估、重要数据本地化存储
处罚力度	最高 2000 万欧元或全球营收 4%（以高者为准）	最高 7500 美元 / 次故意违规	最高 1000 万元罚款，吊销执照，追究责任人刑事责任
数据本地化	无强制本地化，但跨境传输需满足充分性认定（如 SCCs、BCRs）	无本地化要求	重要数据（如金融、地理信息）需境内存储，出境需安全评估

（2）知识产权保护“三同时”原则

贯彻知识产权全生命周期管理理念，将数字内容生产的保护举措部署于生产、传播和利用的各个节点。开发生命周期阶段，需要技术供应商签订建模合同约定著作权归属，就扫描精度超出0.1mm 的高清数字孪生体申请外观设计专利予以版权固定，采用区块链固化创作证据链；使用生命周期，搭建各级别访问授权体制，向学术机构开放提供元数据 API 接口时植入数字水印追踪模块，在面向公众使用的交互式展示内容时配备防截屏、防录屏设施和技术；传播生命周期，借助 DRM 数字版权管理系统动态化设置权限密码，围绕数字化模型作品、AR 复原影像进行版权限制（时间—地域 / 用户身份）管理。该原则强调以法律措施深度介入技术和业务流程内部，有助于预防因二次创作、跨界融合导致的文化资源权属争讼。

3. 保险保障机制

（1）网络安全责任险投保方案

对云展览平台所承载的数据价值、每日平均访问量、系统复杂性等风险因子分别设置不同网络安全责任险的投保模型；基本承保范围包括因黑客攻击造成数据恢复费、第三方索赔赔款、危机公关服务费等风险事故直接损失，扩展涵盖因中断业务所能造成的利润收入补偿、政府机构罚款赔付等特殊风险保险。根据上年度安全审计分数、应急演练达标比例、威胁情报订阅级数等风险控管因素浮动保费；再者，在保单内嵌入“专家紧急响应服务包”，在突发安全事故后立即触发网络安全公司、律所、公关机构三者的专家小组团队立刻进行救援，减少发生事故后的二次损伤，以市场化风险转移支持博物馆数字化创新事业。

（2）文物数字化专项保险产品

量身定制保险专款针对文物流转价值风险和技术风险两大特点开发出专用产品，保险标的包括从文物扫描到数字资产存储整个流程中风险暴露点，比如扫描仪损坏造成文物表面磨损、三维模型偏差带来文化信息丢失、云储存失败导致数字化数据丧失等特殊风险事故。保险责任适用“过错推定＋技术鉴定”复合型定责方式，区分设备固有的技术缺陷与违规操作行为以及意外事件造成的损失采用不同的理赔流程。产品创新采用“价值抖动条款”，依据数字藏品在传播使用中所产生的衍生物流通过程中的价值增值状况，由投保人每年度按比例追加保额并缴纳相应保费。该产品可以对症下药，精准对接文物数字化工作的特有风险敞口，是宝贵文化遗产实现数字转型的最后一道防火墙。

四、持续监控与改进

持续监控与改进是博物馆云展览风险防控体系动态优化的核心机制，需构建覆盖全生命周期的智能监测网络，通过实时监测＋多维风险指标＋自适应预警模型，用大数据、人工智能建立风险态势感知系统，完善不同部门之间的协同流程和标准动作，形成一套“监测—评估—反馈—迭代”的环状闭合链路。

1. 安全态势感知平台

（1）实时监测大屏

安全态势感知平台通过集成多维度的数据采集与分析能力，构建起覆盖全业务流程的实时监测大屏，汇聚网络安全、数据流动、系统运行的状态信息。基于流量探针、日志审计、入侵检测等功能模块，系统将对博物馆云展览平台流量访问规律、用户访问习惯及系统资源占用情况进行实时监控，通过算法及时发现流量模式突然变化（如 DDoS 攻击特征流量）、访问热点区域频繁变动（如同一瞬时涌入大量突发性用户访问）以及存在风险预警（未经许可 API 接口被调用、数据异常导出等）。监测大屏以热力图、曲线图、拓扑图等方式实时反映风险分布状况，并按照预置阈值告警规则触发应急处理方案，迅速落实对脆弱点的风险干预，为运维团队提供 24 小时不间断的安全现状研判能力。

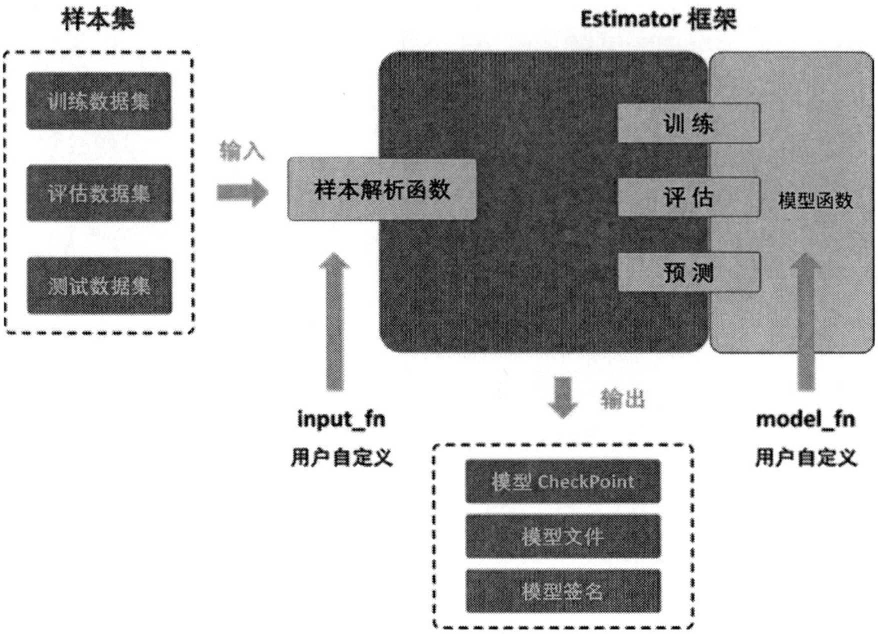

机器学习驱动的风险预测过程
（来源：CSDN 博客官网）

（2）机器学习驱动的风险预测模型

基于历史安全事件库和实时运行数据流中建立机器学习风险预测模型，通过监督 / 无监督模型对威胁进行事前预判，将特征工程产生的网络流量时序特征、用户使用行为簇集信息、漏洞利用特征等作为输入变量，通过随机森林和 LSTM 神经网络等构造攻击识别模型，可以实现对包括零日攻击在内的隐藏攻击的侦测。

预测模型通过不断地学习来提高模型精度，并通过在威胁情报共享平台获得的数据进行外推预测，形成基于内外部威胁检测—风险评估—防御决策制定的链条式过程，这种具有主动防御功能的安全机制不仅可以减少被动接受攻击之后进行弥补的成本，而且还可以沿着攻击者的行为路径提前进行补强，能够大幅度提升博物馆云展览系统的防御能力。

2.PDCA 质量循环

（1）季度安全评估报告制度

建立健全季度安全评估报告制度，常态化开展 PDCA 循环管理。每季度末组织网络安全团队协同技运部门进行全方位的安全审查工作，综合考虑系统补漏进度、防控策略效果、数据密保措施是否完善等因素，运用渗透压测手段校验防护体系运行状态。撰写的安全评估报告中需统计安全事件发生比率、平均恢复用时、修复成功率等关键绩效参数，分析各项制度及科技软肋，规划具体提升方案落实到人到岗到时，并录入知识库管理系统，作为下一个周期策略决策使用的数据底稿，形成螺旋式不断改进反馈提升的工作闭环，确保风险防范始终贴合业务发展和业态变化所需。

（2）第三方机构年度安全审计

引入具有国际认证资质的第三方安全审计机构，每年进行一次系统性的安全审计，从外部视角对博物馆云展览平台的风险防控体系开展独立验证和客观评价。审计内容涵盖物理、网络、应用、数据和管理五大安全域，严格按照 ISO27001、等级保护 2.0 等标准执行，着重检查各类安全策略、技术措施和应急预案是否可操作且符合规范。审计小组通过代码扫描、配置审计、红队攻防演练等深度检测手段，帮助发现内部自查难以识别的安全风险隐患，包括供应链攻击面暴露、授权逻辑缺陷等影响安全的系统性因素。出具的审计报告应对提出的风险项给出重要程度优先排序并跟踪验证相关整改措施的实施效果。利用年度审计制度在满足法律法规要求的同时，借助外部力量使博物馆的信息安全体系不断向前迭代升级，逐步构建内外协同的可持续优化风险治理生态。

结语

面对汹涌澎湃的数字化浪潮，博物馆云展览如一盏明灯照亮了文化发展之路。博物馆作为国家和民族历史文化的重要宝库，在信息技术的支持下打破了时空限制，将无数的文化瑰宝置于人们指尖、眼前。这股来自博物馆文化的云展览力量让静态的文物真正“活起来”，不仅让人们欣赏到千变万化的动态美，而且为传统文化注入了新鲜血液，使其重新焕发生机。云展览的出现是适应数字化社会的客观要求，也是彰显文化自信的重要途径。在数字化社会中，云展览能够让沉睡于历史长河中的远古遗物与尘封的档案资料重新焕发勃勃生机。

在技术层面，云展览是利用虚拟现实、增强现实、人工智能、大数据、云计算等现代科技打造的“智慧系统”，可以准确地识别并追踪观众的喜好，为每一个体私人定制——量身定制一条专属你的观赏路线，为你提供个性化的观展方案。让每个走进云端博物馆的人，在漫无边际的信息汪洋中寻觅到属于他的“白月光”，畅游于文化艺术的世界里。这种“以人为本”的技术性应用和创新极大地调动了观众的积极性与满足感，进而促进了博物馆精准化服务和精细化管理的发展趋势，实现博物馆运营理念的变革与发展。

在社会影响层面，云展览使得原来受场地、时间所限制的传统博物馆的接受者不再局限于特定人群，而是囊括更广泛的人群（儿童、青少年、老人、国外友人乃至一些有特殊需要的人群）。不论年龄、职业、文化水平等因素差异，只要愿意走进文化就都可以拥有接触它的机会。云展览打破了传统博物馆受众局限性，人们真正实现了在文化艺术世界中的触手可及，激发人们的文化创造力和想象力。在社会文化的维度层面更是创造了新的消费模式与产业生态，助力推动文化与经济相交融的新局面。

然而，我们也应清醒地意识到，云展览发展过程中也存在技术成本投入大、安全问题挑战高、内容质量鱼龙混杂、产权问题纷繁等问题。但这些问题并不能阻挡云展览的脚步，反而会让博物馆界及各界人士形成更多共识，寻找解决问题的办法，在发展的道路上走得更远更好！我们坚信，随着科技的进步、政策的扶持、人才的聚集和社会的参与，云展览一定会创造出更加辉煌灿烂的明天！

博物馆云展览，璀璨明珠闪耀万丈光芒，集古往今来无数人的智慧结晶，承载着人类千丝万缕的情感与精神，带着人类对过去和未来的无限憧憬继续在数字化的世界里乘风破浪。她将以更加开明包容的心胸、更加丰富多彩的内涵、更加智能便捷的形式为世界人民带来一台台精彩绝伦的视觉文化盛宴，让文化之光照亮每一个黑暗之处，为构建人类命运共同体作出自己独特的贡献！

参考文献

[1] 蒋俊杰，杜婉晴，杜鹤民，毛若寒．感知价值对博物馆云展览用户满意度及持续参与意愿影响研究——以“云游故宫”为例 [J]. 东南文化，2024, (04): 148-156.

[2] 王宏磊．沉浸式互动体验在博物馆云展览中的应用——以韩国博物馆为例 [J]. 时代报告 (奔流), 2024, (07): 64-66.

[3] 张玥．地市级博物馆云展览发展策略研究——以开封市博物馆为例 [J]. 中国民族博览，2024, (11): 250-252.

[4] 刘艾希．媒介融合背景下的虚拟博物馆叙事建构研究 [D]. 云南师范大学，2024.

[5] 刘源萍．博物馆展览中的性别议题 [D]. 吉林大学，2024.

[6] 陈婧．数字化博物馆的内容生产机制研究 [D]. 黑龙江大学，2024.

[7] 曾柯雯．博物馆云展览资源融入初中历史单元教学的策略研究 [D]. 西南大学，2024.

[8] 宁思文，田野．博物馆云展览的传播模式与构建路径 [J]. 科技传播，2024, 16 (07): 40-42+46.

[9] 杨晓庆．关于博物馆云展览的思考 [J]. 文物天地，2024, (03): 51-56.

[10] 蔡琴．数实融合 创新展览模式：“丽人行——中国古代女性图像云展览”解析 [J]. 艺术与民俗，2024, (01): 6-14.

[11] 田翊．博物馆里的传世珠宝 [M]. 化学工业出版社，2024: 394.

[12] 冯荣．革命文物跨文化传播途径初探——以 2019—2022 年“全国博物馆（展览）海外影响力评估”结果为例 [J]. 文物鉴定与鉴赏，2024, (02): 157-160.

[13] 申继平．基于元宇宙的博物馆云展览探究 [J]. 大众标准化，2024, (02): 172-174.

[14] 董立莹．博物馆云展览创新发展探析 [J]. 赤峰学院学报 (汉文哲学社会科学版), 2023, 44 (12): 37-40.

[15] 姚锋．公共博物馆文化创意产品开发的法律问题研究 [M]. 湖南大学出版社，2023: 249.

[16] 禹洁琨．新时代“无墙的博物馆”理论发展路径研究 [J]. 东方收藏，2023, (12): 122-124.

[17] 周墨兰．智造展览：中小博物馆的展示策略及创意旨归 [J]. 中国博物馆，2023, (05): 17-22.

[18] 张兵趁．博物馆文物藏品及其档案管理实践 [M]. 万卷出版，2023: 153.

[19] 许静．以观众为中心——新时代博物馆展览的构建 [J]. 文物鉴定与鉴赏，2023, (17): 90-93.

[20] 胡慧媚．基于观众体验的博物馆云展览构建——以浙江省博物馆“南宋人的一天”云展览为例 [J]. 博物馆管理 , 2023, (03): 61-68.

[21] 张立红．新时代博物馆展览数字化转型之初探——以南京博物院为例 [J]. 东南文化 , 2023, (S1): 86-93.

[22] 李倩倩．知识生产视角下的中华文明探源、博物馆与数字技术 [J]. 探索与争鸣 , 2023, (06): 62-69.

[23] 徐梓桑．国内博物馆纺织服饰类展览叙事研究（2016—2022）[D]. 广西民族大学 , 2023.

[24] 吴玥涵．大运河专题博物馆数字展览研究 [D]. 山东大学 , 2023.

[25] 詹宏宇．文化数字化背景下云博物馆传播模式研究 [D]. 成都理工大学 , 2023.

[26] 庞洁鹭．云展览：博物馆文化的数字传播研究 [D]. 福建师范大学 , 2023.

[27] 兰秋雨．互联网技术在博物馆陶瓷展览中的应用研究 [D]. 景德镇陶瓷大学 , 2023.

[28] 刘昕悦．从物息人三者关系分析河北省内博物馆云展览 [J]. 大众文艺 , 2023, (07): 30-32.

[29] 经赟 , 吕晓萌．展览视觉传达与宣传推广的叙事性探索 [J]. 文化产业 , 2023, (08): 154-156.

[30] 吕星怡．博物馆云展览传播模式探索 [J]. 艺术品鉴 , 2023, (05): 108-111.

[31] 毛若寒 , 郑宽 , 程小芳．博物馆云展览的内涵阐释与发展建议 [J]. 中国博物馆 , 2023, (01): 38-44.

[32] 李佳铭 , 艾红红．数字、景观、对话：对博物馆云展览的解构分析 [J]. 中国博物馆 , 2023, (01): 45-50.

[33] 夏韵诗．关于博物馆云展览的几点思考 [J]. 收藏与投资 , 2023, 14 (01): 132-135.

[34] 丁晗雪 , 李湛．数字技术影响下博物馆云展览文化参与研究 [J]. 东南文化 , 2022, (S2): 96-100.

[35] 夏惠英．对于博物馆云展览的几点思考 [J]. 文化月刊 , 2022, (11): 116-118.

[36] 李万万．艺术博物馆的时代 [M]. 江西美术出版社 ,2022: 284.

[37] 黄洋．打造无墙的博物馆——博物馆云展览“云教育”探析 [J]. 艺术博物馆 , 2022, (05): 24-35.

[38] 黄可悦 , 张轶．后疫情时代博物馆云展览发展路径研究 [J]. 文化产业研究 , 2022, (02): 261-274.

[39] 毛若寒 , 李吉光．博物馆云展览的生成与生长——关于浙江省博物馆“丽人行”展览实践的思考 [J]. 艺术评论 , 2022, (09): 53-62.

[40] 范昕．不断“上新”的云展览、云服务 , 给博物馆、美术馆带来新的可能 [J]. 上海艺术评论 , 2022, (04): 83-84.

[41] 王瑶．浅谈云展览展示平台建设——以成都金沙遗址博物馆为例 [J]. 文物天地 , 2022, (07): 110-113.

[42] 贾媛凯 . 近五年（2016—2020）我国博物馆女性主题展问题与对策研究 [D]. 厦门大学 , 2022.
[43] 周寅韬 . 博物馆展览视觉传达的通感设计研究 [J]. 东南文化 , 2022, (S1): 17-21.
[44] 顾振清 , 肖波 , 张小朋 , 刘健 , 何也 , 岳小莉 , 柴秋霞 , 谭姗姗 , 周虹霞 , 姚菲 , 王开 , 李荔 . “探索 思考 展望：元宇宙与博物馆”学人笔谈 [J]. 东南文化 , 2022, (03): 134-160+191-192.
[45] 刘凌宇 . 新冠肺炎疫情期间我国博物馆网络直播活动研究 [D]. 河北大学 , 2022.
[46] 刘芳 . 博物馆云展览传播模式探索 [D]. 湖北美术学院 , 2022.
[47] 吴荔 . 后疫情时代图书馆云展览的探讨——以国家典籍博物馆为例 [J]. 四川图书馆学报 , 2022, (02): 49-53.
[48] 江南 . 云展览，跨越博物馆的围墙 [N]. 人民日报 , 2022-04-14 (013).
[49] 庄隽璇 . “符光星影——良渚文化刻画符号展”展示设计研究 [D]. 吉林大学 , 2022.
[50] 刘亚奇 . 黄河流域九省区博物馆云展览的传播及优化 [J]. 新闻爱好者 , 2021, (12): 73-75.
[51] 陈小娟 . 博物馆云展览文物直播的叙事新形态 [J]. 今传媒 , 2021, 29 (12): 9-12.
[52] 季一秀 . 女性展览与社会凝视：厌女文化的博物馆思考 [A]. 中国博物馆协会博物馆学专业委员会 2021 年“博物馆与多元学科的关系”学术研讨会论文集 [C]. 中国博物馆协会博物馆学专业委员会 , 中国博物馆协会博物馆学专业委员会 , 2021: 21.
[53] 欧阳敏 . 以联合办展和云展览模式提升革命文物展示传播水平——“中流砥柱——中国共产党抗战文物展”的实践探索 [J]. 中国博物馆 , 2021, (03): 35-38.
[54] 张立凤 . 新时期博物馆云展览的传播模式与构建路径研究 [J]. 中国民族博览 , 2021, (15): 211-213.
[55] 张林 . 一个“主旋律”云展览——“新时代·新故宫——故宫博物院文化遗产保护与传承主题云展览”介绍 [J]. 文物鉴定与鉴赏 , 2021, (14): 1-6.
[56] 王丹 . 工业博物馆应用网络信息技术创新文创活动探讨 [J]. 通信与信息技术 , 2021, (04): 77-78+88.
[57] 杜美燕 . 中小型博物馆数字博物馆系统架构研究与应用 [M]. 浙江大学出版社 ,2021: 180.
[58] 钱钰 , 戴群 . “城市历史景观再现”展览模式探索——以民国馆和“因运而生”展为例 [J]. 东南文化 , 2021, (03): 148-154.
[59] 王雪 , 秦欣欣 . 中小型博物馆云展览的几点思考 [J]. 收藏与投资 , 2021, 12 (06): 90-92.
[60] 刘艳妮 . 后疫情时期博物馆展览“云”形式的思路探索 [J]. 收藏与投资 , 2021, 12 (06): 105-107.
[61] 马彬燕 , 向永胜 . 浅谈“互联网 +”时代下博物馆展览服务创新 [J]. 中国经贸导刊 (中), 2021, (06): 137-138.

[62] 闫涛 . 数字化技术助力博物馆服务不断档 [A]. 数字技术拓展博物馆服务——2021 年北京数字博物馆研讨会论文集 [C]. 北京数字科普协会 , 北京数字科普协会 , 2021: 8.

[63] 闫明娣 . 论博物馆展览设计与布展流程中的 AR 技术应用研究 [D]. 南京艺术学院 , 2021.

[64] 宋朝丽 . 博物馆资源开发 [M]. 知识产权出版社， 2021: 281.

[65] 张艳萍 . 展示女性：探寻当代博物馆中的女性声音 [D]. 山东大学 , 2021.

[66] 陈冰 . 浅谈新时代博物馆宣教技术手段的新发展 [J]. 文物鉴定与鉴赏 , 2021, (08): 111-113.

[67] 陈凌云 . 博物馆文化创意产品开发研究 [M]. 上海社会科学院出版社， 2019: 288.

[68] 刘静伟 . 博物馆里的中国设计与风格 [M]. 化学工业出版社 , 2018: 272.

[69] 北京联合大学 , 北京数字科普协会 . 互联网时代的数字博物馆 [M]. 电子工业出版社 ,2017:269.

[70] 马建辉 , 王晓宁 , 刘淼 , 中国高校博物馆建设研究 [M]. 新华出版社 , 2015: 256.